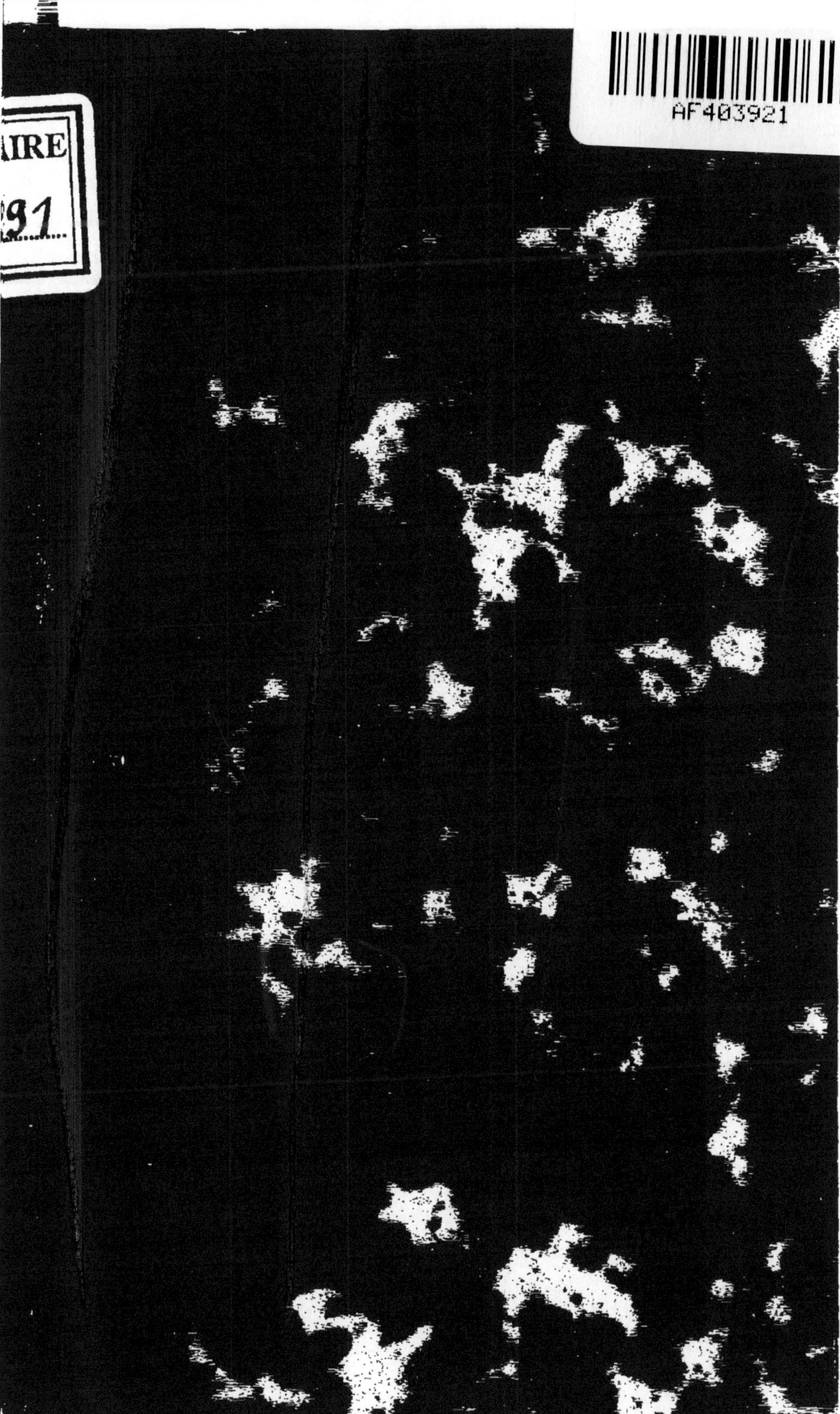

AF403921

L'ART

D'EMPLOYER

LES FRUITS.

L'ART

D'EMPLOYER

LES FRUITS,

ET DE COMPOSER A PEU DE FRAIS TOUTES SORTES DE CONFITURES ET DE LIQUEURS

POUR FAIRE SUITE A LA *CUISINIÈRE DE LA CAMPAGNE.*

A PARIS,

CHEZ AUDOT, LIBRAIRE,

rue des Mathurins-St.-Jacques, n° 18.

1818.

AVANT-PROPOS.

LES fruits sont sans contredit, après les graines céréales, celle des productions de la terre dont la culture forme la principale richesse des propriétaires ruraux. Cependant ces dons de la nature, aussi fugitifs que les instans qui les produisent, semblent au premier aspect ne pouvoir offrir, surtout dans les climats froids et tempérés, que des jouissances momentanées. Mais l'industrie humaine a su, pour ainsi dire, rendre ces jouissances perpétuelles, en trouvant les moyens de conserver les fruits et de multiplier à l'infini les ressources qu'ils peuvent procurer sous le double rapport de l'utilité et de l'agrément pendant les diverses saisons de l'année. De nombreuses expériences ont été faites de tout temps pour améliorer cette partie de l'économie rurale et domestique, et l'on peut dire que depuis plusieurs années principalement, d'importantes découvertes ont fait faire de grands progrès à cette science si avantageuse à la société. Malgré tous les avantages que l'on en peut retirer, elles ne paraissent pourtant pas encore avoir obtenu tout le succès qu'elles méritaient; peut-être parceque, exprimées en termes scientifiques, elles n'ont pu être appréciées que par les classes instruites; peut-être aussi parcequ'elles sont renfermées dans des ouvrages volumineux, qui, par leur prix, sont trop au-dessus des facultés des habitans de la campagne, c'est à dire, de ceux qui sont les plus intéressés à les mettre en pratique.

D'après ces considérations nous avons pensé que malgré tous les écrits imprimés sur cette matière, ce serait une entreprise utile que de publier un recueil qui, en contenant les recettes les plus estimées et les plus économiques sur l'art de confire les fruits et la manière de les conserver, en expliquerait en même temps tous les procédés d'une manière claire, précise, et tellement à la portée de tout le monde, que les personnes les moins au fait pussent opérer d'elles-mêmes sans autre secours que celui du livre qu'elles auront sous leurs yeux.

Ainsi, en se procurant ce petit traité d'où nous avons retranché tous les procédés qui exigeant des appareils et des alambics occasionnent nécessairement de grandes dépenses, les mères de famille qui habitent la campagne et ont besoin de se créer à peu de frais des ressources qu'elles trouveraient difficilement hors de leur ménage, pourront en tout temps couvrir leur table de fruits excellens, et de confitures qui ne le céderont en beauté ni en bonté aux plus précieuses de celles que vendent les marchands de profession. Nous n'avons pas cependant tellement sacrifié l'utile à l'agréable qu'elles ne puissent y trouver, ainsi que les personnes qui à la ville se consacrent autant par goût que par devoir à l'entier gouvernement de leur ménage, des procédés plus recherchés, qui leur procureront des jouissances d'autant plus douces qu'elles seront moins dispendieuses.

Conduits dans cette entreprise par un ardent

désir d'être utile, nous osons espérer que le public aura pour nous de l'indulgence. Puissions-nous voir par l'accueil qu'il fera à cet ouvrage que nous avons atteint le but que nous nous sommes proposé.

L'ART

D'EMPLOYER

LES FRUITS,

ET DE COMPOSER A PEU DE FRAIS TOUTES SORTES DE CONFITURES ET DE LIQUEURS.

RATAFIAS.

Les ratafias sont des liqueurs très-agréables qui se font par infusion et sans distillation. Cette méthode a des avantages bien réels, la dépense en est rarement considérable, et elle exige très peu de soin; en y portant seulement un peu d'attention on est sûr de parvenir à faire des liqueurs, qui, sans atteindre à toute la délicatesse des liqueurs fines, n'en seront pas moins excellentes.

Il faut éviter avec soin, pour faire ces infusions, de se servir d'aucun vase de métal, de cuivre par exemple, d'étain, ni même de fer blanc. Les bocaux, les cruches de grès, et même les vaisseaux de faïence quand ils sont assez commodes, ce qui arrive rarement, sont donc les seuls vases dont vous puissiez faire usage. Elles se font avec de l'eau-de-vie, des fleurs, des fruits, des semences et du sucre. Il faut apporter beaucoup de soin dans le choix de tous ces ingrédiens; choisissez votre eau-de-vie la plus naturelle possible, et prenez bien garde qu'elle ne sente ni le feu ni le fût; ayez soin que vos épices soient bien aromatiques, et chargées d'huile essentielle; que les fruits soient mûrs, sans l'être trop; que les graines et les semences soient nouvelles et séchées à propos, et surtout que les fleurs soient bien odorantes, et s'il se peut, cueillies dans un temps serein et peu après le lever du soleil.

Les ratafias pour lesquels on emploie de l'esprit de vin sont en général plus fins que ceux qui sont faits à l'eau-de-vie, parce que l'esprit de vin conserve mieux les odeurs; mais on préfère pour la santé les ratafias à l'eau-de-vie; il y a cependant des cas où l'on est forcé d'employer l'esprit de vin; c'est lorsque ces ratafias se font avec des fruits rouges qui donnent beaucoup d'eau; mais quand on l'emploie pour tout autre motif, en place d'eau-de-vie, on ne met en bon esprit de vin que la moitié de la dose indiquée en eau-de-vie, et l'autre moitié se met en eau commune.

Toutes ces liqueurs doivent être filtrées à la chausse, et c'est là leur seul inconvénient; parce que si votre tissu est trop serré, la liqueur ne passera pas, et s'il est trop clair, elle passera sans être clarifiée; il faut donc en avoir de plusieurs étoffes plus ou moins serrées, et si au premier passage la liqueur n'est pas assez claire, vous la versez dans une autre, et vous recommencez ainsi, jusqu'à ce qu'elle soit au degré de limpidité que vous désirez. Au bout d'un certain temps, la chausse s'empâte et la liqueur ne trouve plus de passage; alors il faut la laver après avoir transvasé votre liqueur dans une autre chausse: en la lavant ayez soin de ne pas la tordre, mais pressez-la en long le plus que vous pourrez. Si l'on a peu de liquide on le filtre au papier Joseph, car le papier gris altère le goût du liquide.

Ratafia d'œillets.

Prenez une livre de petits œillets rouges, de cette espèce qu'on appele *œillets à ratafia* ; épluchez-les feuille à feuille, et coupez-en le blanc, pour ne réserver de cette fleur que le rouge; mettez les fleurs dans un vase avec quelques clous de girofle, de la cannelle, mais en très-petite quantité, pour ne point affaiblir le parfum de l'œillet; versez dessus six pintes d'eau-de-vie, et laissez-les infuser pendant six semaines ou deux mois en plaçant votre infusion au soleil, après avoir bouché bien hermétiquement l'ouverture de votre vase pour empêcher l'évaporation. Au bout de ce temps, l'eau-de-vie étant imprégnée du parfum des fleurs, passez votre infusion au travers d'un linge, et pressez bien vos fleurs pour en extraire tout le liquide qu'elles pourraient retenir : faites ensuite fondre sur le feu dans deux pintes d'eau deux livres et un quart le sucre; ajoutez ce sirop à votre eau-de-vie, en y mêlant un peu de cochenille ou de carmin pour donner une belle couleur à votre ratafia. Remettez le tout dans une cruche que vous fermez bien exactement et placez encore au soleil pendant trois semaines. Au bout de ce temps, passez votre ratafia à la chausse, et mettez-le ensuite en bouteilles.

Ratafia de Cassis.

Prenez trois livres de cassis bien mûr, que vous épluchez grain à grain; écrasez-le et jetez-le ainsi dans le vase qui doit servir à votre infusion; ajoutez quatre pintes et-demie d'eau-de-vie et six onces de sucre par chaque pinte d'eau-de-vie : on peut, si l'on veut, y mêler quelques clous de girofle et un peu de cannelle concassée. Mettez votre infusion au soleil pendant deux mois; au bout de ce temps passez-la à la chausse, et mettez votre liqueur dans des bouteilles que vous boucherez bien. Cette liqueur n'est parfaite qu'au bout de trois ou quatre ans parcequ'alors elle a contracté une qualité qui lui donne le goût de vin de Rota.

Ratafia de Noix vertes.

Prenez cinquante noix vertes dont le fruit intérieur, loin d'être parvenu à toute sa maturité, et d'être même encore en cerneaux, au contraire soit tout-à-fait gluant ; écrasez-les dans un mortier avec leur écorce ; mettez-les ensuite dans une cruche, et ajoutez pour cette quantité cinq pintes d'eau-de-vie ; fermez l'ouverture de votre cruche et laissez reposer votre infusion pendant un mois. Au bout de ce temps, passez votre liqueur dans un tamis de soie, et jetez le marc sans vous donner la peine de le presser ; ajoutez ensuite trois quarterons de sucre pour chaque pinte de liqueur, huit clous de girofle, six gros de cannelle, un gros de macis. Laissez infuser le mélange pendant un mois : si au bout de ce temps il vous paraît manquer en quelque point, ajoutez ce qu'il faut pour le raccommoder ; et ensuite passez votre ratafia à la chausse et mettez-le en bouteilles.

Ce ratafia n'est pas aussi agréable que ceux qui sont donnés par les autres fruits, mais comme il est d'une saveur supportable et qu'on lui attribue quelques propriétés, nous avons pensé devoir à cause de son utilité en indiquer la recette.

Ratafia de Brou de Noix.

Prenez un cent de belles noix vertes, mais

dont l'intérieur soit encore assez peu formé pour qu'une épingle puisse passer facilement au travers; pilez-les dans un mortier et mettez-les infuser pendant deux mois dans six pintes d'eau-de-vie, avec quarante-huit grains de muscade et autant de girofle; au bout de ce temps, passez votre infusion au travers d'un tamis de soie; prenez trois livres de sucre que vous concassez par petits morceaux, que vous faites fondre dans le ratafia; remettez ensuite votre liqueur dans un vase et laissez-la reposer pendant trois mois; ce temps expiré, décantez-la, c'est-à-dire, soutirez-la en inclinant doucement votre vase pour ne pas la troubler, et mettez-la ensuite en bouteilles.

Ratafia de Coings.

Prenez une quantité de coings proportionnée à ce que vous voulez faire de ratafia; vingt donnent à peu près trois à quatre pintes de jus; choisissez-les bien mûrs et bien jaunes, c'est à cette couleur que vous reconnaîtrez qu'ils sont parvenus à leur degré de maturité, car ils sont alors d'un jaune éclatant et un peu au-dessous de celui du citron; essuyez-les avec un linge pour en ôter le duvet; avec une rape à sucre, rapez-les jusqu'au cœur sans enlever la peau, mais ayez attention d'en jeter les pepins qui ne peuvent être d'aucune utilité; mettez cette rapure dans une terrine que vous placez dans un lieu tempéré, laissez-la macérer l'espace de vingt-quatre heures; au bout de ce temps elle aura acquis une odeur médiocrement vineuse, et alors vous la mettrez dans un linge que vous tordrez le plus que vous pourrez pour tâcher d'en exprimer tout le jus; mesurez votre jus, et si vous n'en avez que trois pintes faites fondre dedans une livre et demie de sucre en poudre (la dose de sucre est d'une demi-livre par pinte), et ajoutez-y ensuite deux pintes d'eau-de-vie, une chopine ou environ d'esprit de vin, six clous de girofle, une demi-once de cannelle, trente-six grains de macis; ce mélange opéré, si votre ratafia vous paraissait un peu trop fort, affaiblissez-le en ajoutant de nouveau jus de coings; si au contraire il était trop faible, augmentez sa force au moyen d'une nouvelle dose d'esprit de vin, en ayant soin de mettre du sucre en proportion de ce qu'on y aura ajouté en esprit; bouchez bien votre infusion, et mettez-la dans un lieu tempéré. Pour que cette liqueur soit bonne, il faut l'attendre, et ne la pas boire trop nouvelle; il faut au moins lui laisser passer tout l'hiver afin de pouvoir l'exposer au soleil l'année suivante; par ce moyen ce ratafia sera excellent; vous le passerez ensuite à la chausse et le mettrez en bouteilles.

Ratafia d'Angélique.

L'angélique est une plante qui forme un buisson assez considérable, son odeur est aromatique et tirant sur celle du musc. Les parties qu'on emploie dans l'office sont les côtes ou cardons et la tige; on prétend que c'est aux vertus en tous genres qu'elle possède que cette plante doit le beau nom d'*angélique.*

Prenez des côtes d'angélique au moment où la tige est dans sa plus grande hauteur, mais un peu avant que la fleur ne soit tout-à-fait épanouie; ôtez-en les feuilles, et les effilez; lavez-lès, essuyez-les bien et coupez-les par morceaux; écrasez-les grossièrement dans un mortier, mettez-les ensuite infuser dans une cruche avec trois pintes d'eau-de-vie pour une demi-livre pesant de cette plante; bouchez votre cruche hermétiquement, et exposez-la au soleil pendant un mois; au bout de ce temps, transvasez votre infusion dans une autre cruche, en ayant soin de bien laisser égoutter l'angélique pour ne rien laisser perdre; ajoutez huit onces de sucre en poudre par pinte de liqueur, un gros de cannelle, un demi-gros de macis et six clous de girofle, faites fondre le sucre dans un peu d'eau; replacez votre liqueur au soleil; laissez-la infuser pendant un autre mois ; ensuite filtrez-la à la chausse , et mettez votre ratafia en bouteilles.

Si vous voulez faire du ratafia de céleri d'autres plantes de même espece, suivez les mêmes procédés et les mêmes doses.

Ratafia d'Anis.

Concassez une demi-livre d'anis vert, un quarteron de coriandre , deux gros de cannelle et un gros de macis; mettez le tout infuser dans neuf pintes d'eau-de-vie , ajoutez six onces de sucre par chaque pinte de liqueur: vous pourrez cependant augmenter un peu cette dose si vous craignez que votre liqueur ne soit trop forte ; cassez votre sucre en gros morceaux que vous trempez ensuite l'un après l'autre dans de l'eau commune en les retirant promptement ; ainsi imbibés, jetez-les dans votre liqueur: deux raisons rendent cette opération nécessaire ; 1.° la fonte du sucre se fait bien plus facilement, car sans l'eau dont il se trouve imprégné, il aurait beaucoup de peine à se dissoudre dans l'eau-de-vie ; 2.° de cette manière il affaiblit un peu la force de l'eau-de-vie qui deviendrait trop violente au moyen de la pointe d'anis qui ne tend qu'à l'augmenter. Votre cruche étant bien bouchée, laissez votre infusion reposer pendant un mois, ensuite filtrez-la à la chausse et mettez-la en bouteilles.

Ratafia d'Eau-de-Noyaux.

Choisissez des d'abricots dans le moment où ce fruit est dans sa maturité; retirez-en les noyaux que vous laissez entiers, sans en ôter le bois, et mettez-les sur-le-champ dans une cruche d'une grandeur quelconque; remplissez-la de ces noyaux de sorte que cependant elle reste au demi-tiers vide; emplissez ensuite votre cruche d'eau-de-vie; bouchez la bien hermétiquement, et placez-la au soleil pendant deux mois; l'infusion achevée, au terme prescrit passez-la au tamis de soie; jetez les noyaux comme ne pouvant plus servir; transvasez votre liqueur dans la cruche, en y ajoutant six onces de sucre par pinte; ayez soin de casser votre sucre en gros morceaux et de les tremper dans l'eau commune avant que de les mettre dans votre infusion; fermez de nouveau l'ouverture de votre cruche ou flacon; exposez-la encore au soleil pendant huit jours. Au bout de ce temps passez votre ratafia à la chausse et mettez-le en bouteilles.

Le ratafia de noyaux de pêche se fait d'après les mêmes procédés. Il faut avoir bien soin, si vous voulez conserver le parfum de ces fruits qui est très-délicat, de ne mêler dans l'infusion, aucun aromate étranger, tels par exemple que clous de girofle, cannelle, etc.

Ratafia de Genièvre.

Prenez quatre onces de graines de genièvre parfaitement mûres ; concassez-les et mettez-les ensuite infuser dans quatre pintes et demie d'eau-de-vie, avec six clous de girofle, une once de cannelle, un gros de macis, trente-six grains d'anis vert et autant de coriandre ; faites fondre sur le feu deux livres et demie de sucre dans une chopine d'eau commune, versez ensuite votre sirop, quand il est refroidi, sur votre infusion ; bouchez bien votre cruche et exposez-la au soleil, ou bien placez-la dans un lieu tempéré, pendant six semaines ; l'infusion achevée, au terme prescrit filtrez votre ratafia à la chausse et mettez-le en bouteilles.

Ratafia de Fleurs d'Orange.

Prenez une livre et-demie de fleurs d'orange bien franches et bien épluchées, c'est-à-dire que vous n'emploirez que les fleurs blanches, et que vous rejetterez tout le reste comme inutile, parce que malgré son arôme, sa saveur est âcre et amère ; faites fondre quatre livres de sucre dans deux pintes d'eau, mêlez dedans votre fleur d'orange, faites-lui jeter un bouillon ; retirez-la ensuite du feu,

laissez-la refroidir ; mettez-la dans une cruche,
et versez par-dessus huit pintes d'eau-de-vie: bouchez votre cruche bien hermétiquement et laissez
infuser ce mélange pendant vingt à vingt-cinq
jours. Au bout de ce temps filtrez votre ratafia
à la chausse, et mettez-le en bouteilles.

Scubac.

Prenez une demi-once de safran, autant de
bois de genièvre, deux gros d'anis vert, autant
de coriandre, une demi-once de cannelle, dix-
huit grains de racine d'angélique, un demi-gros
de macis, quatre clous de girofles et six jujubes ;
concassez tous ces ingrédiens et faites-les infuser
dans trois pintes d'eau-de-vie; prenez deux livres
et-demie de sucre que vous cassez en gros morceaux ; trempez chaque morceau dans l'eau et
jetez les ainsi imbibés dans votre infusion ; fermez bien votre cruche; placez-la dans un lieu
tempéré, et remuez-la souvent ; au bout de trois
semaines, si votre sucre n'était pas encore fondu,
écrasez-le avec une spatule et ajoutez-en encore,
si votre liqueur ne vous paraît pas suffisamment
sucrée; faites de même une petite addition de quelques gros de safran, si vous ne la trouvez pas assez
foncée en couleur; laissez encore reposer votre infusion pendant trois semaines ; ce temps expiré,

passez-la à la chausse et mettez-la en bouteilles.
Pour être bon, votre scubac doit être louche,
épais et onctueux, parce qu'une des qualités de
cette liqueur est d'avoir du corps.

Ratafia de Semences chaudes, dit *Eau des Sept-Graines.*

Les sept ou huit graines qui servent à faire ce
ratafia, sont l'anis, le carvi, le cumin, le fenouil,
l'hache ou le persil, l'ammi, le panais sauvage
et l'amome. Les quatre premières sont appelées
semences chaudes majeures, et les quatre autres
semences chaudes mineures. Avec la semence de
ces sept ou huit graines, on prépare un ratafia
très-connu, mais dont la bonté ne répond pas à
la célébrité ; sa plus grande vertu est d'expulser
les vents, et ses effets sont à la vérité si prompts,
qu'il est impossible de ne pas en convenir.

Prenez deux onces de chaque graine, pilez les
dans un mortier, mettez-les infuser pendant
six semaines dans neuf pintes d'eau-de-vie ;
ajoutez-y trois livres et-demie de sucre que vous
cassez en morceaux gros comme le poing ; ayez
soin de tremper chaque morceau dans l'eau commune avant que de le jeter dans l'eau-de-vie ;
bouchez bien votre cruche ; et au bout du temps

prescrit pour l'infusion, filtrez votre ratafia à la chausse, et mettez-le en bouteilles. Plus vous le garderez, meilleur il deviendra.

On peut, si l'on veut rendre son ratafia d'une qualité supérieure, employer de l'esprit de vin : alors au lieu de neuf pintes d'eau-de-vie, mettez quatre pintes et-demie d'esprit de vin que vous coupez avec autant d'eau commune.

Ratafia de Cédrats, dit Parfait-Amour.

Prenez trois gros cédrats ; coupez-les en morceaux un peu plus gros que le pouce, mettez-les dans une cruche avec six pintes d'eau-de-vie; prenez deux livres et-demie de sucre ; cassez-les en gros morceaux ; trempez chaque morceau dans l'eau, et jetez-les tous ainsi imbibés dans votre infusion; laissez-la ensuite reposer pendant deux mois; au bout de ce temps, goûtez votre liqueur, et raccommodez-la si elle en a besoin, c'est-à-dire, si vous y remarquez un défaut de sucre, suppléez-y par une nouvelle addition; si elle a trop de force, diminuez-la par un peu d'eau; ou si au contraire elle était trop faible, ajoutez-y un peu d'eau-de-vie; votre ratafia étant tel que vous le désirez, faites encore durer votre infusion pendant une semaine ; filtrez-la à la chausse et mettez-la en bouteilles : ce ratafia doit être très-limpide.

En suivant les mêmes procédés, on peut faire une citronnelle délicieuse; pour la même quantité d'eau-de-vie que ci-dessus , employez les zestes de douze citrons , et finissez comme il est indiqué.

Ratafia de Groseilles.

Egrenez des groseilles rouges , en assez grande quantité, pour qu'elles vous donnent en les pressant , quatre pintes de jus; prenez huit pintes de bonne eau-de-vie , deux gros de cannelle concassée et un gros de girofle : jetez dedans le jus de vos groseilles , et laissez infuser ce mélange pendant un mois; ensuite décantez votre liqueur, et faites fondre dedans quatre livres de sucre concassé ; filtrez votre ratafia à la chausse et mettez-le dans des bouteilles.

Ratafia de Grenades.

Choisissez des grenades bien mûres, bien saines et sans taches, en suffisante quantité pour qu'elles vous donnent trois pintes de jus ; avant de l'exprimer, ayez soin d'en extraire les graines que vous rejetez; mettez ensuite votre jus, avec six pintes d'eau-de-vie et deux gros de cannelle, dans un vase où vous le laisserez reposer cinq à six semaines ; au bout de ce temps, décantez le mélange et y faites fondre trois livres de sucre concassé ; filtrez votre ratafia et mettez-le en bouteilles.

Ratafia de Framboises.

Prenez huit pintes d'eau-de-vie, quatre de jus de framboises, une de jus de cerises et quatre livres de sucre ; faites fondre votre sucre dans le jus de vos fruits : ajoutez-y l'eau-de-vie, et laissez reposer le mélange ; filtrez votre liqueur à la chausse, et mettez-la en bouteilles que vous aurez le soin de bien boucher.

Ratafia de Pêches.

Faites choix de pêches en plein vent, très-mûres et les plus saines possible ; ôtez-en les noyaux, mettez vos pêches dans un linge et exprimez-en le jus à la presse ; mettez-le dans un vase avec quatre pintes et-demie d'eau-de-vie pour deux livres de jus ; laissez reposer votre mélange cinq à six semaines ; alors soutirez-le, et faites fondre dedans deux livres de sucre concassé ; filtrez votre ratafia à la chausse, et mettez-le en bouteilles.

Ratafia.

Ratafia de Roses.

Prenez un quarteron de roses blanches ou rouges; faites-les infuser dans une chopine d'eau tiède ; laissez reposer votre infusion pendant deux jours; au bout de ce temps, passez-la au travers d'un linge, en pressant pour exprimer tout le liquide ; prenez autant d'eau-de-vie que vous avez de décoction, et ajoutez par pinte une demi-livre de sucre clarifié; assaisonnez d'un peu de coriandre, de macis et de cannelle; laissez le tout infuser pendant douze à quinze jours ; passé ce temps, filtrez votre ratafia à la chausse , et mettez-le en bouteilles.

Ratafia de Jonquilles.

Choisissez des jonquilles doubles comme étant les plus odorantes ; pour un quarteron de fleurs, prenez une livre de sucre que vous faites fondre dans une pinte d'eau ; faites prendre à vos fleurs deux ou trois bouillons dans le sirop, ensuite versez-les avec le sirop, dans une pinte d'eau-de-vie où vous les laissez infuser pendant une quinzaine de jours au moins; filtrez ensuite votre ratafia et mettez-le en bouteilles.

Ratafia de Jasmin.

Il se fait de la même manière que celui de jonquilles, avec cette différence qu'il faut un demi-
quarteron de fleurs de plus. Cette liqueur a un
parfum extrêmement doux et est très-bonne pour
diminuer l'odeur désagréable des fortes haleines.

Kirsch-wasser de ménage.

Prenez des noyaux de cerises que vous concassez ; jetez – les avec les amandes dans de l'eau-
de-vie ; et les y laissez infuser jusqu'au temps où
vous pourrez-y ajouter des noyaux d'abricots,
sans amandes ; laissez–les encore infuser deux
mois, puis filtrez–les. Cette liqueur ressemble
pour le goût au véritable kirsch-wasser qui se
vend fort cher, et a les mêmes propriétés pour
l'estomac. Vous le distillerez et il vous procurera
une liqueur limpide, comme le kirsch-wasser
ordinaire.

Curaçao.

Prenez une livre d'écorces d'oranges commu-
nes, sèches, qu'on nomme curaçao; ôtez-en tout le
blanc; mettez ces écorces jaunes dans une cruche;
versez par dessus huit bouteilles de la meilleure

eau-de-vie, bouchez exactement la cruche, et exposez-la pendant l'été à l'ardeur du soleil; si vous faites ce ratafia en hiver, mettez-le auprès d'un poêle. Vous laisserez votre infusion se faire pendant quinze jours, et aurez soin de secouer tous les jours la cruche. Ce terme expiré, vous verserez par inclinaison l'eau-de-vie de cette cruche dans un grand flacon de verre; vous y mettrez trois livres de sucre candi, brun et commun, et vous aurez soin de le casser en petits morceaux avant que de le jeter dans le flacon. Bouchez et ficelez bien votre flacon; mettez-le quelque temps dans un lieu chaud, et secouez-le souvent afin d'accélérer la dissolution du sucre, et de le mêler à l'eau-de-vie. Le sucre étant entièrement dissous, vous passerez cette liqueur à diverses reprises par la chausse ou par l'entonnoir à filtrer, garni de papier brouillard; vous fermerez le couvercle de l'entonnoir, pour empêcher l'évaporation de l'esprit. Votre liqueur étant parfaitement claire, vous la mettez en bouteilles que vous aurez soin de mastiquer. En employant à la place de huit bouteilles d'eau-de-vie, quatre bouteilles d'esprit de vin et autant d'eau commune, votre liqueur acquerra un tel degré de finesse qu'il sera très-difficile de la distinguer des liqueurs par la distillation.

DU SUCRE, DE SA CLARIFICATION ET DE SA CUISSON.

Le sucre que l'on doit employer dans l'office, doit être le plus blanc et le plus net ; il faut le choisir en outre, dur, sonnant, léger et d'une douceur agréable. Il est bien plus aisé à clarifier quand il est de bonne qualité. La cassonnade, quelque nette qu'elle soit, revient toujours plus, chere que le sucre, par le déchet qu'on y éprouve : il faut la mouiller davantage pour la bien clarifier, en raison de ce que la crasse y est en plus grande abondance.

Pour bien réussir dans la clarification du sucre, il faut d'abord préparer une eau blanche, qui se fait avec un demi-septier d'eau de rivière ou de fontaine et environ la moitié d'un blanc d'œuf bien battu pour chaque livre de sucre qu'on se propose de clarifier. Pour mieux nous faire comprendre, nous allons développer le procédé de la clarification dans toutes ses parties, en établissant une dose qui pourra servir de base à toutes les quantités auxquelles on en voudra faire l'application.

Mettez dans une poêle à confiture trois blancs d'œufs, avec la coque cassée et froissée en petits morceaux ; délayez-les dans une pinte et demie d'eau que vous verserez à différentes reprises, ayant soin de bien fouetter le mélange chaque fois avec un petit balai d'osier ou de bouleau ; la totalité de votre eau étant bien incorporée avec les blancs d'œufs, et le mélange étant bien en mousse, mettez-y un pain de sucre de six à sept livres que vous cassez par morceaux ; posez votre poêle sur le feu et remuez le sucre de temps en temps, de crainte qu'il ne s'attache à la poêle ; vous aurez le soin, quand il viendra à bouillir, d'enlever l'écume qui ne manquera pas de paraître. Après quelques bouillons, le sucre s'élevera au point de dépasser les bords de la poêle ; pour empêcher qu'il ne se répande au dehors, abattez-le en y versant un peu d'eau froide, ce qui vous donnera le temps de l'écumer. Observez qu'il ne faut jamais enlever l'écume quand le sucre bouillonne, mais attendre qu'il monte, l'abattre alors avec un verre d'eau : par ce moyen on le tranquillise, et c'est le moment qu'il faut saisir pour l'écumer. Continuez toujours d'enlever l'écume, en y jetant un peu d'eau, à mesure qu'il montera ; étant bien nettoyé et bien clair, qu'il ne monte plus et ne fait qu'une petite écume, légère et blanchatre, retirez alors la poêle du feu ; prenez une serviette que vous mouillez

légèrement ; étendez-la sur une terrine bien propre et passez votre sucre qui se trouvera parfaitement clarifié.

Comme la base de l'art de confire dépend des
différens degrés de cuisson du sucre, nous allons
les détailler pour que rien n'arrête dans les procédés ; on en distingue environ quinze degrés
outre la clarification que l'on pourrait même
appeler le premier. Nous commencerons par le
sucre grillé, parce que celui-là n'exige pas d'être
clarifié.

Sucre Grillé. Faites bouillir du sucre à grand
feu, en le remuant avec un peu d'eau , jusqu'à ce
qu'il soit de couleur cannelle un peu pâle, pour
vous en servir bien chaud. Si par hasard on avoit
manqué une cuisson, on y remettrait un peu
d'eau , et on ferait rebouillir le sucre jusqu'à ce
qu'il fût revenu au degré qu'on veut.

Sucre à la Nappe. Pour faire cuire le sucre à
la nappe , après l'avoir clarifié, comme il est dit
ci-dessus, on le remet sur le feu, et il est à
ce degré de cuisson, lorsqu'en y trempant l'é-
cumoire et la retirant de suite, il s'étend après un
tour de main, le long de l'écumoire ; alors on le
passe à la manche.

Si l'on ne veut pas perdre ses écumes , on a
le soin de les mettre à fur et mesure dans un vase,
et ensuite on les remet sur le feu ; chaque fois

qu'elles montent, on y verse un peu d'eau blanche pour abattre l'écume ; on les retire du feu après la troisième fois, et on les laisse reposer un moment ; jetez dedans un peu d'eau clair et fraîche, et enlevez l'écume noire qui s'en détache ; passez ensuite le sirop à la manche ; remettez-le ensuite sur le feu jusqu'à ce qu'il soit à la nappe, et il vous servira pour composer des sirops.

Sucre au petit Lissé. Lorsque vous aurez fait clarifier votre sucre de la manière que nous avons indiquée, remettez-le sur le feu pour le faire bouillir ; vous connaîtrez qu'il est au petit lissé lorsqu'en trempant le bout du doigt dedans, et l'appliquant ensuite sur le pouce, il se forme, en les séparant tout d'un coup, un filet presque imperceptible qui se rompt et reste en goutte sur le doigt.

Sucre au grand Lissé. Il est au grand lissé, lorsqu'ayant fait un bouillon de plus, il s'étend davantage entre les doigts, et ne se rompt pas si facilement.

Pour éviter tout danger de se brûler, il faut mieux, pour faire cette épreuve, s'abstenir de tremper son doigt dans le sucre bouillant ; alors il suffira de tremper l'écumoire dans la poêle, et l'élevant un peu au-dessus, de recevoir la goutte de sucre qui coulera du bord sur votre pouce, ce qui vous mettra pareillement à même de faire votre essai.

Sucre au petit Perlé. Votre sucre ayant jeté quelques bouillons de plus, vous réitérerez le même essai : si, en séparant vos deux doigts, le filet qui se forme, se maintient et s'étend un peu sans se rompre, le sucre est cuit au petit perlé.

Sucre au grand Perlé. Le sucre est au grand perlé, lorsque le filet peut s'étendre entièrement sans se rompre, quoique les deux doigts soient séparés l'un de l'autre autant qu'ils peuvent l'être. On connaît aussi ce degré de cuisson à la figure du bouillon lequel forme alors plusieurs perles rondes, et élevées qui semblent rouler les unes sur les autres.

Sucre en petite Queue de Cochon. Le sucre est cuit à ce degré, lorsqu'en trempant l'écumoire dans le sucre bouillant, et l'élevant un peu, le sucre en retombant se tortille et forme une espèce de queue de cochon.

Sucre en grande Queue de Cochon. Il est à ce degré, lorsqu'il retombe de l'écumoire en formant une plus grosse queue.

Sucre au Soufflé. Pour le mettre au soufflé, continuez à lui faire prendre quelques bouillons; pour vous assurer qu'il est à ce point, trempez votre écumoire dans la poêle ; retirez-la en la secouant un peu sur le sucre, en frappant sur le le bord de la poêle; soufflez ensuite à travers des trous en allant et revenant d'un côté à l'autre ; s'il en sort des petites bouteilles ou étincelles, votre sucre sera alors au degré de cuisson qu'on appelle *soufflé.*

Sucre à la Plume. Si vous laissez cuire votre sucre jusqu'à ce que vous aperceviez au lieu de perles, dont il a été parlé plus haut, des espèces de bouteilles qui après s'être élevées, crèvent tout de suite et laissent échapper beaucoup de fumée, vous pouvez juger que votre sucre est bien près d'être à la plume ; passez alors votre écumoire par le milieu de la poêle, retirez la en la secouant fortement en l'air ; si vous apercevez le sucre voler comme une plume légère, mais un peu large il sera à la plume.

Sucre à la grande Plume. Si vous continuez un peu plus long-temps la cuisson précédente, en secouant l'écumoire en l'air, vous apercevrez votre sucre sous la forme de filasse volante; il sera alors à la grande plume.

Sucre au petit Boulet. Pour connaître si le sucre est à ce degré, ayez un gobelet plein d'eau fraîche ; trempez le bout du doigt dans cette eau, et plongez-le dans le sucre bouillant ; retirez-le promptement pour le replonger aussitôt dans l'eau fraîche, de crainte que le sucre ne s'attache à votre doigt et ne vous brûle ; roulez le sucre entre le doigt et le pouce pour en faire une petite boulette;si,en se refroidissant, le sucre se roule et se manie comme la pâte,alors il est au petit boulet.

Sucre augrand Boulet. On reconnaît que le sucre est au grand boulet, lorsque la boulette au lieu de se tenir molle comme dans le cas précédent, devient au contraire ferme quand elle est refroidie.

Sucre au Cassé. Continuez de laisser cuire votre sucre, et faites pour le cassé le même essai que pour le boulet ; votre sucre sera au cassé, lorsqu'après avoir été rafraîchi, et étant froissé entre vos doigts, il se casse en faisant un petit bruit. Le sucre cuit au cassé s'attache toujours comme de la poix lorsqu'on en met entre les dents.

Sucre au Caramel ou au grand Cassé. Pour que le sucre soit au caramel, il faut que quand on le met sous la dent, il se casse et craque nettement sans s'y attacher nullement. Ce degré n'est pas facile à saisir, car pour peu que vous manquiez le point requis, votre sucre est sujet à se brûler, et n'est plus bon à rien. Il faut donc bien y prendre garde,et de moment en moment, quand il est parvenu à cette dernière cuisson, pratiquer l'essai sous la dent ; dès que le sucre ne s'attachera plus, mais au contraire se rompra et se cassera nettement, alors il sera au caramel ou au grand cassé.

C'est ici le lieu de faire plusieurs observations essentielles, qu'il ne faut jamais perdre de vue dans les différentes cuissons du sucre. D'abord il faut ne jamais laisser l'écumoire dans la poêle au sucre après la clarification ni après que toute l'écume sera prise, et ne pas remuer le sucre, parce qu'il mourrait, c'est-à-dire qu'il diminuerait sensiblement. Il faut encore remarquer que le sucre, dans la cuisson du cassé et du caramel, monte et retombe toujours; en retombant il laisse sa trace sur les bords de la poêle; pour éviter que la chaleur ne fasse brûler le sucre adhérent aux côtés et aux bords de la poêle, et par là ne gâte toute la masse du sucre, au point de ne pouvoir servir, il faudra avoir à côté de vous une terrine remplie d'eau froide, et avec une éponge laver très-proprement, chaque fois que le sucre sera tombé, les côtés intérieurs de la poêle.

Sucre d'Orge.

Le sucre d'orge se fait avec du sucre cuit sur un feu modéré, dans une décoction d'orge mêlée avec des blancs d'œufs fouettés qu'on écume bien. On passe ensuite ce sucre à la chausse, et on le fait rebouillir jusqu'à ce qu'il forme de larges bulles. On le verse ensuite sur une table de marbre, frottée légèrement d'huile d'amandes douces. Lorsque les bulles cessent, et que les extrémités tendent à se rapprocher du centre de la masse, alors on la roule en bâtons qu'on laisse refroidir et durcir.

MIEL.

Clarification du Miel.

Au moyen de la clarification qu'on lui fait subir, le miel remplace bien avantageusement le sucre dans la composition des confitures et des ratafias, et l'on ne saurait trop en apprécier les avantages. Il est préférable au sucre, en ce qu'il est un extrait de ce qu'une infinité de plantes salutaires ont de plus pur et de plus éthéré; aussi est-il plus balsamique, plus pectoral, plus anodin que le sucre, qui n'est que le suc exprimé et épaissi par la cuisson d'une seule plante, qui est la canne à sucre; d'ailleurs la substance du miel reçoit dans l'abeille et la ruche une élaboration qui la perfectionne et l'épure mieux que l'action du feu, qui, toujours violente, fait probablement évaporer ce que le suc de la canne a peut-être de meilleur et de plus volatil; mais malgré tous ces avantages on n'a jamais mieux senti l'utilité du miel, que depuis la hausse extraordinaire du prix du sucre, qui a forcé l'économie domestique à faire usage de toutes les matières qui pouvaient le remplacer. Plusieurs auteurs ont donné pour sa clarification des méthodes qui exigent une combinaison de poids et de préparatifs que les ménagères n'ont souvent ni le temps ni la patience d'entreprendre ; nous allons donc donner des moyens simples et faciles dont la préparation n'occasionera pas assez d'embarras pour les dégoûter de l'entreprise, et les priver ainsi des avantages qu'elles pourront en retirer.

Prenez six livres de miel, que vous mettez dans une égale quantité d'eau ; faites-le clarifier à petit feu, pour que toute la partie aqueuse se détache peu à peu de la partie sucrée ; ayez soin de l'écumer à mesure qu'il bouillira, et s'il bouillait trop fort, jetez-y de temps en temps une cuillerée d'eau pour l'apaiser, mais ne réitérez pas cette opération trop de fois ; étant bien écumé, jetez dedans des charbons bien rouges avec de la mie de pain grillée, mais plutôt brûlée que rôtie ; laissez le tout infuser pendant quatre à cinq minutes, et retirez ensuite la mie de pain et les charbons avec une écumoire, en prenant la précaution de n'y laisser aucune parcelle de pain ni de charbon, après quoi vous laisserez bouillir votre miel jusqu'à ce qu'il s'attache aux doigts. On peut, si l'on veut, pour lui donner un degré supérieur de clarification, le filtrer à travers un papier gris avant qu'il ait acquis sa dernière cuisson, et le remettre ensuite sur le feu. Le papier gris doit être préféré à la chausse de laine comme étant bien plus économique, la filtration de l'autre manière occasionant la perte de beaucoup de sirop.

Le miel ainsi clarifié s'emploie pour faire les confitures et pour confire toutes sortes de fruits de la même façon et avec les mêmes doses que l'on a indiquées pour le sucre.

Manière de faire le sirop de raisin d'après les procédés de M. Parmentier.

On prend vingt-quatre pintes de moût, et on en met la moitié dans un chaudron placé sur le feu, avec la précaution d'éviter une trop grande ébullition. On ajoute de nouvelle liqueur à mesure que celle du chaudron s'évapore ; on écume et on agite la surface pour augmenter l'évaporation. Lorsque la totalité du moût est introduite, on écume, on retire le chaudron du feu, et on ajoute de la cendre lessivée, enfermée dans un nouet, ou du blanc d'Espagne, ou de la craie réduite en poudre, et délayée préalablement dans un peu de moût, jusqu'à ce qu'il ne se fasse plus d'effervescence, ou espèce de bouillonnement, dans la liqueur qu'on a soin d'agiter. Par ce moyen, on sépare ou neutralise les acides contenus dans le raisin. On s'assure que la liqueur n'est plus acide, lorsque le papier bleu qu'on y plonge n'est pas coloré en rouge. Alors on place le chaudron sur le feu après avoir laissé déposer un instant, et on y met deux blancs d'œufs battus. On filtre la liqueur à travers une étoffe de laine fixée sur un châssis de bois de douze à quinze pouces carrés ; on fait bouillir de nouveau, et on continue l'opération.

« Pour connaître si le sirop est cuit, on en laisse tomber avec une cuiller sur une assiette ; si la goutte tombe sans jaillir et sans s'étendre, ou si, en la séparant en deux, les parties ne se rapprochent que lentement, alors on juge qu'il a la consistance requise.

« On le verse dans un vaisseau de terre non vernissé, et après qu'il est parfaitement refroidi, on le distribue dans des bouteilles de médiocre capacité, propres, sèches, bien bouchées, qu'on porte à la cave. Il faut qu'une bouteille une fois entamée ne reste pas long-temps en vidange, et avoir l'attention de tenir le goulot renversé chaque fois qu'on s'en est servi.

« Il n'est guère possible de déterminer d'une manière précise la quantité de craie ou de cendre qu'il est nécessaire d'employer ; il en faut moins au midi qu'au nord ; mais, dans tous les cas, l'excédant ne saurait nuire, vu qu'il reste confondu sur le filtre avec les autres sels insolubles et les écumes.

« Si, dans la vue de conserver plus long-temps ce sirop, on portait la cuisson trop loin, on se tromperait, car il ne tarderait pas à se cristalliser au fond des bouteilles et à se décuire. Dans le cas contraire, si on ne l'évaporait pas suffisamment, il fermenterait bientôt ; une bonne ménagère n'aura pas fait deux fois de ces sirops, qu'elle saura saisir le degré de cuisson nécessaire, mieux qu'on ne pourrait lui indiquer le point où il convient qu'elle s'arrête. »

Le sirop de raisin peut suppléer le sucre de canne dans toutes les préparations composées, telles que les sirops pharmaceutiques sans exception, et les électuaires.

Quelques sirops d'agrément ; ceux de capillaire, de fruits rouges, de vinaigre et de framboises.

Les compotes de fruits, surtout en les aromatisant, la charlotte de pommes.

Les crêmes brûlées.

Les pâtisseries d'entremets aux fruits, tourtes aux cerises, aux prunes, aux pommes.

Il réussit aussi, sans exception, dans les vins cuits et les ratafias composés, comme le sont tous les ratafias de fruits, ou aromatisés fortement, comme ceux des sept graines, d'anis, de curaçao, etc.; car, il faut l'avouer, on né peut pas l'employer aux liqueurs fines.

DES FRUITS A L'EAU-DE-VIE.

Il y a peu de fruits qui ne puissent être conservés dans l'eau-de-vie: cependant comme nous ne pensons pas qu'il soit facile de les employer tous avec un égal succès, nous ne parlerons que de ceux à qui l'expérience a fait donner la préférence: tels sont la pêche, l'abricot, la mirabelle, la reine Claude, le rousselet, etc. Si l'on voulait faire des essais sur d'autres espèces, les recettes dont nous allons donner l'explication pourront dans tous les cas servir de modèles.

Péches à l'Eau-de-vie.

Choisissez quinze pêches, belles, bien colorées: ayez soin de les prendre avant qu'elles aient tout leur degré de maturité; comme ce fruit est très-cotonneux, vous en essuierez proprement le duvet avec un linge blanc; incisez le ensuite dans toute sa longueur et jusqu'au noyau, afin que le sirop puisse pénétrer jusque dans l'intérieur. Toutes vos pêches étant ainsi préparées, prenez une livre et demie de sucre, que vous ferez fondre dans une suffisante quantité d'eau pour le clarifier, ainsi qu'il a été expliqué à l'article

Clarification du sucre. Votre sucre étant clarifié, et le sirop étant toujours sur le feu, et bouillant, vous jetterez dedans votre fruit, et le remuerez en tous sens avec l'écumoire, afin que la chaleur agisse par tous les côtés; dès que vous apercevrez que le fruit s'amollit, retirez-le du feu, et faites égoutter vos pêches sur un tamis; pendant ce temps remettez votre sirop sur le feu, et s'il vous paraît trouble, clarifiez-le de nouveau avec un blanc d'œuf; faites-lui jeter trois ou quatre bouillons, et versez-le tout bouillant sur vos pêches que vous aurez eu soin de placer dans une grande terrine vernissée.

Laissez de la sorte votre fruit tremper dans le sirop pendant vingt-quatre heures, au bout de ce temps retirez-en vos pêches, remettez votre sirop sur le feu, faites-lui faire dix à douze bouillons, et jetez-le encore une fois sur vos pêches; le troisième jour, mettez le fruit et le sirop ensemble sur le feu, et donnez quatre à cinq bouillons couverts. Retirez la poêle du feu, laissez refroidir le tout à demi; ensuite prenez vos pêches une à une, et rangez-les proprement dans un bocal. Examinez combien votre bocal peut contenir de liquide; si vous jugez qu'il soit assez grand pour contenir quatre pintes, par exemple, remplissez-le avec deux pintes d'eau-de-vie, et autant de sirop; s'il ne contient que trois pintes, ne mettez qu'une pinte et demie de sirop pour une pinte et demie d'eau-de-vie. On ne peut guère fixer une dose bien précise, mais avec un peu d'expérience, il sera aisé de suppléer à ce que nous ne pouvons indiquer avec une exactitude un peu scrupuleuse. Votre fruit étant recouvert de liquide, surnagera pendant un mois ou deux; mais à mesure qu'il sera pénétré par la liqueur, il tombera au fond.

Abricots à l'Eau-de-vie.

Prenez la quantité d'abricots qu'il vous plaira, pourvu toutefois qu'elle n'excède pas deux douzaines; essuyez-les proprement avec un linge, pour ôter leur duvet; jetez-les dans l'eau bouillante; ils se précipiteront d'abord au fond, mais peu après ils remonteront sur l'eau, alors tirez les de la poêle, et arrangez-les à mesure sur un linge blanc, ou ce qui vaut mieux, jetez-les dans de l'eau fraîche. Tous vos abricots étant blanchis de la sorte, jetez-les, étant égouttés, dans un sirop que vous aurez fait clarifier auparavant. Le reste du procédé est le même que celui que nous venons d'indiquer pour les pêches.

Pêches ou Abricots à l'Eau-de-vie d'une autre manière.

Prenez de belles pêches ou abricots qui soient

parvenus à leur degré de maturité; ôtez-leur leur duvet, en les essuyant proprement avec un linge; pesez votre fruit, et pour chaque livre, prenez un quarteron de sucre seulement. Clarifiez votre sucre et faites-le cuire jusqu'au grand perlé; jetez dedans votre fruit, et faites-lui jeter quelques bouillons; retournez bien votre fruit en tous sens pour qu'il prenne le sucre partout; ensuite retirez la poêle du feu, et arrangez vos pêches ou abricots dans un bocal. Votre sirop étant plus de moitié refroidi, versez-y de l'eau-de-vie à raison de trois demi-septiers par livre de fruit; ayez soin de ne verser votre eau-de-vie qu'à différentes reprises, et de remuer sans cesse pour faciliter le mélange, qui sans cette précaution, ne se ferait qu'avec beaucoup de difficulté. Votre mélange étant parfait, versez-le dans le bocal où vous aurez arrangé votre fruit; il surnagera d'abord, mais à mesure que le sirop et l'eau-de-vie le pénétreront, il se précipitera au fond du bocal, et c'est alors seulement qu'il sera temps d'en faire usage.

Poires de Rousselet à l'Eau-de-vie.

Choisissez des poires de rousselet qui ne soient pas tout-à-fait mûres; prenez de la petite espèce, comme la plus odorante et la seule qui, par cette raison, convienne à cette opération ; elle se nomme rousselet de Reims. Piquez-les avec une épingle de tous côtés, et faites-les blanchir à l'eau bouillante ; retirez-les à mesure qu'elles s'amollissent, et jetez-les à l'eau fraîche ; étant tout-à-fait refroidies, ôtez-en la peau, et rejetez-les dans l'eau fraîche, mais non dans celle qui vous aura déjà servi. Pour les entretenir dans une blancheur parfaite, exprimez dans l'eau, le jus de deux citrons.

Faites ensuite clarifier du sucre dans la proportion de la quantité de fruit que vous pouvez avoir, et avec assez d'eau pour que le fruit y baigne à l'aise : votre sucre étant bien clarifié, et encore bouillant, mettez votre fruit dedans, et laissez lui faire sept ou huit bouillons couverts ; retirez votre poêle du feu, et versez le tout dans une terrine pour donner le temps au fruit de prendre le sucre ; vingt-quatre heures après, remettez le sirop sur le feu dans la poêle, et vous lui ferez prendre dix à douze bouillons ; ensuite versez-le tout bouillant sur vos poires qui seront restées dans votre terrine ; laissez-les encore tremper pendant le même espace de temps dans le sirop ; le troisième jour, répétez encore la même opération ; mais après le sixième ou huitième bouillon, mettez tout doucement votre fruit dans le sirop et faites-lui prendre six bouillons ;

retirez alors votre poêle du feu ; ôtez l'écume, s'il y en a ; laissez refroidir le tout à demi ; arrangez vos poires dans le bocal, et mêlez votre sirop avec une égale quantité d'eau-de-vie. Votre mélange étant fait, versez-le dans votre bocal, par-dessus les poires ; deux mois après vous pourrez en faire usage.

On n'a point donné la dose du sucre qu'il faut employer, parce que ordinairement elle se règle sur la quantité de fruit que l'on est dans l'intention de conserver dans l'eau-de-vie ; seulement il faut observer pour règle générale, que le fruit doit toujours baigner à l'aise dans le sirop, qui doit d'abord être cuit au lissé à la première cuisson, ensuite au perlé, à la dernière.

Poires de Beurré d'Angleterre à l'Eau-de-vie.

Choisissez des poires de beurré d'Angleterre, belles et sans être à un trop grand degré de maturité ; faites-les blanchir, sans bouillir, dans une quantité d'eau proportionnée à leur nombre ; à mesure qu'elles s'amolliront, retirez-les et jetez-les dans de l'eau fraîche ; étant refroidies, pelez-les et enlevez la tache noire de la tête ; piquez-les avec une épingle de tous côtés, et jetez-les de nouveau dans de l'eau, où vous aurez mis un peu d'alun ; faites-les bouillir à grand feu ; quand vous pourrez faire passer une épingle à travers , sans éprouver de résistance, c'est un signe qu'elles sont assez blanchies; alors retirez-les de l'eau avec l'écumoire, et mettez-les dans une nouvelle eau fraîche.

Clarifiez votre sucre , et faites-le cuire au petit lissé , jetez-le tout bouillant sur vos poires ; égouttez-les le lendemain , et quand votre sucre sera à la nappe, faites-leur prendre dedans un léger bouillon; vingt-quatre heures après répétez encore la même opération , et ensuite mettez-les dans vos bocaux. Faites prendre encore quelques bouillons au sucre , et laissez-le refroidir ; versez dedans les deux tiers de la quantité en eau-de-vie à vingt-cinq degrés; passez le mélange à la chausse , versez-le ensuite sur les poires , et bouchez bien hermétiquement les bocaux.

Mirabelles à l'Eau-de-vie.

Choisissez des mirabelles bien mûres; piquez-les par tout avec une épingle , jetez-les dans de l'eau bouillante. Lorsqu'elles monteront sur l'eau retirez-les du feu, et jetez-les tout de suite dans de l'eau fraîche ; étant bien refroidies, faites-les égoutter sur un tamis; faites clarifier une quantité de sucre proportionnée à celle du fruit que vous avez intention d'employer ; lorsque cette clarification est finie, jetez votre fruit tout doucement dans le sucre encore bouillant, et faites-lui prendre plusieurs bouillons couverts ; retirez ensuite la poêle du feu ; écumez le sucre, et versez le fruit et le sirop dans une terrine, laissez le tout reposer jusqu'au lendemain, que vous viderez le sirop seulement, dans la poêle à confiture ; alors vous lui donnez sept ou huit bouillons, et le jetez dessus le fruit dans la terrine. Le surlendemain transvasez dans la poêle, le fruit et le sirop, et faites-leur jeter dix à douze bouillons couverts ; retirez la poêle du feu, et enlevez l'écume si vous le jugez à propos. Votre sirop étant un peu refroidi, retirez-en vos mirabelles que vous arrangez dans les bocaux que vous avez préparés pour les recevoir ; prenez une quantité d'eau-de-vie égale à celle que vous pouvez avoir en sirop, mêlez le tout ensemble, et versez ensuite votre mélange sur les fruits qui sont dans les bocaux ; ils ne seront bons à manger que quand vous les verrez se précipiter au fond du bocal.

Il faut bien ménager la mirabelle lorsqu'on la blanchit, parcequ'elle est sujette à se lâcher. On peut suivre les mêmes procédés pour confire la Reine-Claude.

Autre manière

Autre manière de confire la Mirabelle et la Reine-Claude à l'Eau-de-vie.

Prenez la quantité de prunes de mirabelle ou de reine-claude que vous voudrez; mais toutes dans un degré parfait de maturité; essuyez-les légèrement avec un linge blanc, pesez votre fruit, et prenez pour chaque livre pesant un quarteron de sucre; clarifiez-le, et faites-le cuire au grand perlé; jetez votre fruit dans le sirop, et donnez-lui quelques bouillons, en ayant soin de le remuer doucement avec l'écumoire, pour lui faire prendre sucre de tous côtés également; avec l'écumoire, retirez votre fruit de la poêle sans l'endommager s'il vous est possible, et arrangez-le proprement dans des bocaux; laissez refroidir votre sirop; versez dedans, quand il est à moitié refroidi, de l'eau-de-vie à raison de trois demi-septiers par livre de fruit; mêlez bien le tout ensemble, et quand ce mélange est bien incorporé, versez-le sur votre fruit dans les bocaux, que vous fermerez bien, avec un bouchon de liége, en ayant soin de les recouvrir avec du parchemin mouillé. En suivant exactement ces procédés on peut conserver ces fruits au moins pendant deux ans.

5

Cerises à l'Eau-de-vie.

Prenez les cerises les plus belles et les plus mûres que vous pourrez trouver ; coupez la moitié de leurs queues, et mettez-les ensuite dans de l'eau bien fraîche ; retirez-les une demi-heure après, faites-les égoutter sur un tamis et suivez les procédés que nous avons indiqués à l'article *de la mirabelle et de la reine-claude.* Vos bocaux étant pleins, mettez dans chacun un petit sachet de douze clous de girofle et une demi-once de cannelle en bâton, deux ou trois douzaines de grains de coriandre et deux feuilles de macis ; laissez le tout infuser pendant un ou deux mois ; au bout de ce temps, goûtez votre fruit, et si vous jugez qu'il a assez d'odeur, retirez le petit sachet où sont enfermés les aromates.

Faites de même les framboises, le cassis, etc., à l'eau-de-vie.

Mettez les raisins secs à l'eau-de-vie, sans employer de sucre.

Noix à l'Eau-de-vie.

Prenez de belles noix vertes, fraîchement cueillies et assez peu avancées pour qu'une épingle puisse passer au travers. Epluchez-les jusqu'au blanc, et mettez-les à mesure dans l'eau fraîche; faites bouillir de l'eau, dans laquelle vous jetterez un peu d'alun, on exprimerez le jus d'un citron, pour les entretenir blanches; quand vos noix seront suffisamment blanchies, remettez-les à l'eau fraîche; prenez une quantité suffisante de su-clarifié, que vous mettrez à la cuisson du petit lissé ; versez-le sur les noix; répétez cette opération pendant trois jours ; le quatrième, faites-le cuire à la nappe, et versez-le sur les noix que vous laisserez dedans jusqu'au lendemain ; alors égouttez vos noix et mettez-les dans des bocaux ; ajoutez au sucre les deux tiers de la quantité en eau-de-vie ; passez votre liqueur à la chausse, versez-la sur les noix dans les bocaux, et fermez-les bien hermétiquement.

CONFITURES.

Observations sur l'emploi des Poêles à confitures.

Il faut avoir le plus grand soin de toujours re-curer une poêle à confiture chaque fois que l'on s'en est servi: vingt-quatre heures suffisent pour que l'air atmosphérique agisse sur la surface du cuivre, de manière à lui donner cette odeur fâcheuse qu'a ce métal, et que contracte **la** substance qu'on y dépose; elle ne seroit pas em-poisonnée, mais son goût en seroit altéré.

Au surplus, il n'y a nul danger à employer des vases de cuivre pour la préparation même du vinaigre, avec l'attention de conduire rondement son feu, et de ne pas laisser séjourner le liquide dans le vase.

Moyens de préserver les ustensiles de cuivre du vert-de-gris.

Les poêles à confitures, les chaudrons à cuire les herbes, sont des ustensiles de cuivre dont on ne se sert que momentanément; et si par malheur ils sont serrés dans des endroits humides, ils se couvrent de vert-de-gris, en sorte que cette rouille et l'écurage finissent par user les vais-seaux d'une manière bien plus prompte que leur emploi n'aurait pu le faire; nous allons indiquer le moyen de parer à cet inconvénient.

Votre ustensile encore chaud, lavez-le avec une éponge, et quand il n'est plus que tiède, étendez sur toute la surface une couche de colle faite avec de la fécule de pomme de terre; cette colle ainsi appliquée sur le cuivre, s'y séchera et restera pendant plusieurs mois de suite; et par ce moyen, vous préserverez votre ustensile de toute atteinte de vert-de-gris.

Confiture de Groseilles en grappe.

Pour confire les groseilles en grappe, il faut les choisir belles et bien claires, indifféremment rouges ou blanches, mais il ne faut pas les mélanger ; mettez-les ensuite dans du sirop de sucre clarifié et cuit à la grande plume ; faites-leur prendre quelques bouillons ; laissez-les reposer dans le sirop jusqu'au lendemain ; après quoi, retirez-les ; faites recuire le sirop au perlé, et jetez-le ensuite sur le fruit, que vous aurez en soin de dresser dans des pots auparavant ; ayez soin de ne les couvrir que le lendemain. Il faut une livre de sucre par livre de fruit.

Confiture de Groseilles épépinées de Bar.

Retirez adroitement les pépins de vos groseilles avec un cure-dent, et procédez ensuite comme à l'article précédent.

Confiture d'Epine-Vinette.

Prenez de l'épine-vinette que vous épluchez et faites blanchir dans de l'eau où vous aurez mis deux citrons coupés en tranches, mais que vous ôterez au moment ou vous jetterez dedans votre épine-vinette ; ne la laissez dans l'eau que le

temps nécessaire pour lui ôter la trop grande acidité que le sucre ne peut pas corriger; faites-la ensuite égoutter sur un tamis jusqu'à ce qu'elle soit
extrêmement sèche; mettez-la ensuite dans un sirop de sucre, et faites-la bouillir jusqu'à ce qu'elle
tienne à l'écumoire assez de temps pour ne re-
tomber dans le sirop qu'en commençant à se
figer. On met une livre de sucre par livre de fruit.

Confiture d'Epine-Vinette en grappe.

Prenez de l'épine-vinette et retirez-en les pepins comme il est indiqué à l'article *groseilles en
grappe*; prenez autant de livres de sucre que vous
avez de livres de fruit; faites-le cuire au petit bou-
lé; étant à ce degré de cuisson, retirez votre
bassine du feu, et mettez dedans votre épine-
vinette; faites-lui jeter quelques bouillons, et
écumez; retirez votre appareil du feu; laissez-le
reposer dans une terrine jusqu'au lendemain;
mettez en pot votre épine-vinette, et couvrez-la.

Confiture de Cerises.

Prenez la quantité de cerises que vous voulez
employer; et ôtez-en tous les noyaux; coupez le
bout des queues, et mettez par livre de fruit, trois
quarterons de sucre ou de cassonade sans avoir be-

soin de les clarifier; la confiture de cerises étant
une de celles qu'il faut écumer, rejette absolument tout ce qui n'est pas pur au moyen de
l'ébullition; ajoutez un peu de jus de groseilles
pour ôter le goût trop doucereux de vos cerises,
et former la gelée ; faites cuire votre confiture à
grand feu et ayez soin d'en enlever l'écume aussitôt qu'elle montera ; il est nécessaire de la mener rondement, parce que si elle languit elle
noircira. Pour savoir si elle est cuite, vous ferez
le même essai que pour la *gélée de groseilles*.
Étant cuite et retirée du feu, écumez-la et mettez-la dans des pots ; étant refroidie couvrez-la
d'une couche de gelée de groseilles framboisées.
Si cependant votre cassonade avoit un mauvais
goût, il faudroit alors la clarifier pour cela,
vous la mettrez sur le feu avec le moins d'eau possible, et ajouterez de l'eau par cuillerée à mesure
qu'elle bouillira, et vous l'écumerez avec soin ;
quand elle cessera de jeter de l'écume vous mettrez dedans une poignée des feuilles du fruit que
vous faites cuire, ce qui la remettra en ébullition; alors vous ôterez ces feuilles, et vous mêlerez votre jus avec le sirop et ferez cuire le tout
de la manière indiquée.

On peut aussi se servir de miel pour ces confitures, après l'avoir clarifié, ainsi qu'il a été inqué à l'article *Clarification du miel*.

Confiture de Raisin muscat en grains.

Prenez du raisin muscat ; égrenez-le, et avec des aiguilles fines, ôtez tous les pepins, et conservez soigneusement le jus en prenant toutes les précautions possibles pour que le grain reste en son entier. Faites bouillir environ cinq ou six livres de raisin, et exprimez en le jus ; prenez un quarteron de sucre par livre de raisin ; faites-en un sirop dans lequel vous mettez bouillir vos grains de raisin, jusqu'à ce qu'ils aient perdu leur couleur verdâtre ; retirez-les ensuite du sirop avec une écumoire ; remettez dans ce sirop le jus qui provient du raisin que vous avez fait bouillir, et faites le cuire sur un grand feu, jusqu'à ce qu'il commence à se former en gelée ; alors mettez dans ce sirop, vos grains entiers ; et faites-le bouillir de nouveau jusqu'à ce qu'il soit en gelée parfaite ; sept à huit minutes doivent suffire.

Confiture de Raisin.

Prenez en raisin de vigne, et non en chasselas, la quantité que vous voulez mettre en confitures ; égrenez votre raisin, et mettez-le cuire sans aucune addition d'eau ; passez-en le jus soit dans un tamis, soit dans un linge ; pesez votre jus et mettez dedans un quarteron de sucre par livre ; si c'est de la cassonade que vous employez , choisissez-la un peu belle , parce qu'il ne faut pas la clarifier, la moindre goutte d'eau empêchant cette confiture de se tourner en gelée ; écumez-la comme la gelée de groseilles ; le degré de cuisson se reconnaît aussi de la même manière.

Confiture de Verjus.

Prenez du verjus qui ne soit ni trop vert , ni trop mûr ; de manière qu'en le fendant par côtés, on puisse, à l'aide d'une aiguille, en extraire aisément les pépins ; jetez-le au fur et à mesure dans l'eau fraîche ; faites bouillir de l'eau dans une poêle, et mettez-y votre verjus ; faites-lui jeter un bouillon , et retirez-le aussitôt qu'il remonte sur l'eau ; laissez-le refroidir dans cette eau ; étant froid , remettez-le sur des cendres chaudes pour le faire reverdir , après cela passez-le encore à l'eau fraîche ; égouttez ensuite votre verjus sur un tamis ; mettez-le dans une terrine ; prenez autant de livres de sucre qu'il y aura de livres de fruit ; faites-le cuire à lissé , et jetez-le à moitié chaud dessus votre fruit ; le lendemain , faites-le égoutter de nouveau, et remettez cuire le sucre, jetez-y ensuite le verjus ; renouvelez cette opéra-

tion pendant quatre jours consécutifs, et le cinquième pour le finir, il faut, lorsque votre sucre
est cuit au grand perlé, y ajouter votre verjus,
et lui faire prendre un seul bouillon ; après quoi
écumez-le, et mettez-le de suite dans vos pots.

Confiture de Verjus en grains.

Procédez de la même manière que pour les
confitures de raisin muscat, avec la différence
que vous ajouterez cinq quarterons de sucre par
livre de fruit.

Il ne faut pas attendre, pour faire cette confiture, que les gelées blanches aient passé sur ce
fruit, car le verjus alors a perdu son goût parti-
culier sans avoir gagné celui du bon raisin.

Confiture de Prunes sauvageonnes.

On recueille au commencement de l'hiver
une espèce de prune qu'on nomme sauvageonne;
elle n'a pas un goût fort agréable, mais elle sert
à faire de très bonne confiture. Il faut avoir soin
de ne les employer qu'après les premières gelées
blanches; retirez-en les noyaux, et mettez-les
cuire dans une bassine pendant un quart d'heure
sur un feu modéré ; quand elles ont acquis un
degré de cuisson presque suffisant, vous jetez

dans votre bassine environ cinq quarterons de cassonade, pour douze à quinze livres de fruit. Votre confiture étant à une consistance assez épaisse pour qu'on ne puisse la retourner qu'avec peine, retirez-la du feu, et mettez-la dans des pots de grès; placez ces pots dans le four au moment où l'on en a retiré le pain; laissez-les jusqu'au lendemain matin; après quoi retirez les et mettez-les dans un lieu sec. Cette confiture peut se conserver au moins pendant deux ans; quand on veut en servir sur la table, on en prend avec une cuiller, et l'on en met sur une assiette, ou dans des pots de faïence; cette confiture est surtout recommandable par le peu de dépense qu'elle occasionne.

Confiture de Poires de Messire-Jean.

Prenez des poires bien mûres que vous pelez et coupez par quartiers; avec les pelures et le cœur des poires vous faites un sirop pour lequel il faut très-peu de sucre, parce que la poire de messire-jean est très sucrée; les pelures et les cœurs des poires étant cuits, retirez-les du sirop; pour augmenter la quantité de sirop de manière que les poires puissent baigner dedans, prenez cinq à six livres de raisin, exprimez-en le jus que vous versez dedans le sirop avec les quartiers de poires; remuez sans cesse et doucement, pour qu'ils se conservent entiers. Vos poires étant de belle couleur, c'est un signe qu'elles sont suffisamment cuites ; alors vous pouvez les retirer. Il faut avoir la précaution de ne faire cette confiture que sur un feu modéré, parce qu'elle prendrait trop vite cette couleur dorée, qui tromperait sur sa cuisson ; et alors le défaut de cuisson l'empêcherait de se conserver.

Confiture de Campagne.

Prenez du vin doux appelé moût, vous ne pouvez le rendre trop doux ; vous en prendrez un seau, plus ou moins, suivant la quantité que vous voulez faire de confitures ; mettez-le dans une chaudière, faites-le bouillir sur un feu toujours clair, et réduire aux deux tiers pour qu'il ait une bonne consistance, et puisse confire le fruit pour être de garde.

Vous prendrez le fruit que vous voulez confire, soit poires, pommes ou coings ; faites-le cuire dans l'eau jusqu'à ce qu'il soit amolli, vous le pelerez ensuite et le mettrez dans votre sirop de vin doux, et le laisserez bouillir jusqu'à ce qu'il soit cuit ; vous aurez soin de bien écumer ; vous connaîtrez sa cuisson, quand vous mettrez du sirop dans une assiette ; si vous le voyez demeurer en rubis, et qu'il ne coule point en penchant cette assiette, c'est une preuve qu'il faut retirer votre confiture; vous la mettrez dans des pots, et vous la couvrirez quand elle sera froide. Il est indifférent que le vin doux soit blanc ou rouge.

PRINCIPES PARTICULIERS,

ou

RECETTE DÉS PRODUITS DU RAISIN NON-FERMENTÉ,

d'après les procédés de M. PARMENTIER.

RAISINÉ.

Ce uom convient particulièrement à une espèce de marmelade assez agréable, qu'on prépare dans tous les cantons vignobles, avec le sucre, la pulpe et la peau des raisins non-fermentés, les plus mûrs, les plus sucrés, et les plus parfumés ; on y ajoute souvent différens fruits, des racines potagères et des aromates, mais jamais, du moins au midi de l'Europe, du miel ou du sucre ; ces deux condimens qui, comme on sait, constituent les autres confitures, sont remplacés dans ces contrées par le muscoso-sucré des raisins eux-mêmes, qui, dans les pays chauds et dans les années sèches, sont abondamment pourvus de ce principe.

On présume bien que la préparation du raisiné doit être aussi ancienne que l'art de faire le vin ; on la trouve décrite dans nos premières pharmacopées, sous différens noms ; c'était la confiture de nos bons aïeux ; elle est encore du goût de

toutes les classes de la société, et tellement nécessaire, que dans les lieux les plus éloignés des
cantons vignobles, leurs habitans en font avec
les fruits à pépins et à noyaux, en y employant
pour véhicule, au lieu du moût de raisin, le suc
de pommes et de poires, récemment exprimé,
c'est-à-dire, le poiré et le cidre doux.

La consistance du raisiné varie depuis l'élec-
tuaire jusqu'à celle d'un sirop; dans ce dernier
état, il est facile de le délayer dans l'eau, pour en
faire des boissons édulcorées; les habitans de l'Ar-
chipel paraissent même continuer de préparer
cette espèce de raisiné liquide: car M. Boudet,
pharmacien en chef de l'armée d'Orient, a trouvé
dans les magasins d'Alexandrie, des bouteilles de
terre d'une forme agréable qui en étaient rem-
plies; elle avait la consistance de la mélasse.
On en compose aujourd'hui en Egypte une
espece de sorbet.

Sans vouloir rappeler ici tous les avantages
qu'on peut obtenir du raisiné, nous nous bornerons aux principaux. On sait d'abord que les élémens dont il est composé sont élaborés, combi-
nés, mélangés de manière à présenter les carac-
tères d'une confiture agréable, et à mettre, pendant un certain temps à l'abri de la fermentation,
l'extrait, la gelée et la pulpe des fruits.

Dans les années où les fruits à noyaux manquent, lorsque les ménagères les plus diligentes ne peuvent s'occuper de faire leurs provisions en gelées, en marmelades, et que la saison a été favorable au raisin, ce dernier offre le moyen de remplacer ces confitures, et ce remplacement produit en même temps une grande économie sur le sucre, qui n'entre point dans le raisiné, à moins que ce ne soit dans les années humides, à l'ouest et au nord de la France, où la vigne réussit, lorsque les raisins sont verts; car nous sommes loin de croire que ce condiment puisse, en aucun cas, préjudicier à la qualité du raisiné. Je sais qu'il est au pouvoir de l'art de corriger la mauvaise qualité des vins, et de les améliorer considérablement, par l'emploi du sucre et du miel ajoutés avant la fermentation, et qu'à l'aide de ce moyen on peut affaiblir leur trop forte acidité ; mais très-heureusement le raisin des années favorables à la vigne n'a besoin nulle part de ce secours.

Choix des fruits pour le Raisiné.

Si les différentes espèces de raisins ne conviennent pas à la cuve, toutes sont également bonnes pour la confection du raisiné ; plusieurs d'entre elles sont si abondamment pourvues du principe muscoso-sucré, qu'il faut nécessairement leur ajouter des fruits pulpeux, âpres, acerbes, mûrs ou non mûrs, et des aromates pour en relever la trop grande fadeur; tandis que d'autres exigent, suivant le climat et la saison, l'addition d'un peu de miel, de mélasse ou de cassonade, pour masquer leur excès d'acidité.

L'altération que le raisiné éprouve à mesure qu'il vieillit, c'est de se candir ou de se liquéfier; dans le premier cas, on le décuit au temps de la vendange, avec de nouveau moût; dans le second, au contraire, on l'expose un peu au feu. C'est ainsi qu'on peut rajeunir sa provision, et la mettre encore en état de passer l'hiver.

On remarque que, dans les contrées méridionales, où l'on fait ordinairement plus de raisiné qu'ailleurs, les raisins reconnus comme les plus propres à cette préparation, sont : le muscat blanc, le muscat rouge et le chasselas. Ils y parviennent à une maturité si parfaite, et contiennent une si grande quantité de principe sucré, que les vins qu'on obtient de la décomposition de ce principe fournissent à la distillation jusqu'à un tiers de leur poids, d'une eau-de-vie riche en alcool; à Montpellier, c'est le raisin blanc ou noir; dans les départemens plus septentrionaux, c'est le franc-pineau ou le morillon noir qui est la variété la plus estimée pour ce genre de confiture.

Mais pour cueillir le raisin destiné à faire le

raisiné, il faut attendre sa parfaite maturité, ne le récolter, autant que possible, que par un temps sec et par un soleil ardent; avoir soin surtout de l'égrapper et de le monder exactement , vu que quelques grains gâtés et un brin de rafle suffiraient pour préjudicier à la saveur gracieuse du raisiné.

Lorsqu'on jouit encore, après la vendange, de quelques rayons de soleil, et qu'il n'y a rien à redouter de la part des oiseaux et des insectes, il serait utile d'en profiter pour laisser plus long-temps le raisin sur le cep ; dans le cas contraire, il faut le rentrer à la maison, et l'exposer sur la paille. On parviendrait par ce moyen à diminuer les frais de l'évaporation , à tenir moins long-temps exposé à l'action du calorique le raisiné qui alors donne un résultat plus abondant , moins coloré et d'une saveur plus agréable. Ce conseil, à la vérité, que je donne aux ménagères qui ne dédaignent point de préparer elles-mêmes le raisiné de leur consommation, ne pourra jamais devenir la règle de ceux qui en font une branche de commerce , qui visent particulièrement à la quantité et au bon marché. Mais chaque chef de famille , dans quelque position qu'il se trouve , peut, à l'aide de quelques ceps, obtenir sa confiture annuelle à tel degré de bonté qu'il voudra.

Le raisiné ne consiste pas toujours dans le suc

de raisin plus ou moins rapproché par l'évaporation ; on y fait souvent entrer des fruits à pépins, des fruits à noyaux, selon les ressources
locales; dans le nombre des meilleurs, sont les
poires et les coings, puis les pommes, enfin les
prunes; mais il faut que ces fruits soient âpres
et austères pour en relever la saveur trop
douceâtre.

D'après ces observations rapides, le *Bouvard,*
le *Martin-sec*, la *Lampe*, le *Messire-Jean*, s'al-
lient très-bien avec les élémens du raisiné. Comme ces especes n'existent pas toujours en quantité suffisante, on emploie séparément la poire
de vigne de la Normandie, le *Catillac* et le
Grossin; ces derniers ont beaucoup plus d'âcre-
té. Enfin la préparation du raisiné fournit l'oc-
casion de tirer parti des fruits tombés avant la
maturité ; il suffit alors de les cuire d'avance, de
les mettre en marmelade, et de les conserver en
cet état jusqu'à la vendange.

Les fruits extrêmement sucrés, succulens, d'une
pulpe mollasse, parvenus à leur point de maturité,
sont peu propres à la confection du raisiné ; ils
perdent pendant la cuisson, les avantages qu'ils
avaient étant crus, et paraissent, après l'avoir
subie, plutôt décomposés que perfectionnés.

Les poires, les pommes et les prunes ne for-
ment pas toujours la base du raisiné ; on y fait

entrer le potiron, des côtes de melon qui n'ont pu mûrir ; les racines sucrées, telles que la carotte. Mais ce n'est pas seulement la qualité des fruits, leur proportion et l'état de maturité où ils se trouvent, qui concourent à la perfection du raisiné. Le procédé dont on se sert pour opérer leur combinaison et leur cuisson, n'a pas moins d'influence sur la qualité et le prix auquel il revient ; il est donc nécessaire que cette préparation, toute simple qu'elle paraisse, soit méthodiquement gouvernée.

Manière de préparer le Raisiné.

Prenez la quantité de raisins que vous jugerez à propos, égrenez-les, et mettez-les dans un chaudron placé sur un feu modéré ; s'il ne rend pas assez de jus, écrasez d'abord un peu les grains entiers ; augmentez insensiblement le feu, ayant soin de remuer continuellement, pour favoriser l'évaporation de l'humidité ; quand la pellicule du raisin est ramollie et assez cuite pour pouvoir se détacher, retirez du feu la liqueur épaisse réduite à moitié ; mettez-la par portions sur un tamis de crin assez serré, et passez-la au travers, en pressant un peu avec la main.

Remettez votre marmelade dans une bassine propre, sur un feu doux ; procédez de nouveau à son évaporation, en remuant sans cesse, surtout quand le terme de sa cuisson approche, parce-qu'alors elle se caramélise et brûle facilement ; il faut un grand usage pour atteindre le degré de cuisson convenable; il est d'autant plus nécessaire de le saisir , qu'en deçà, le raisiné ne peut se conserver, et qu'au-delà , non-seulement il éprouve un grand déchet, mais il est encore moins agréable ; on est assuré qu'il est à son véritable point lorsque sa couleur, de vineuse qu'elle était, est devenue d'un brun médiocrement foncé , lorsqu'en laissant tomber sur une assiette de faïence une petite masse , elle ne s'affaisse pas trop, et qu'il ne se forme pas autour une espèce d'auréole humide. Par ce procédé, on obtient de cent livres de raisin, vingt-quatre à trente livres de raisiné fort bon.

Autres manières.

Prenez des poires de rousselet , de martin-sec, de messire-jean, de franc réal, de bon chrétien d'hiver, des coings etc.,suivant les ressources locales ; mais tous ces fruits doivent être employés avant leur entière maturité ; il faut aussi les peler , les monder de leurs pépins et de leurs cœurs, et éviter surtout de se servir de poires qui sont , comme on dit, pierreuses, et qu'on n'aime point à

rencontrer sous la dent; coupez ces fruits par tranches , et ajoutez-les en quantité proportionnée au
sirop que vous avez obtenu par la première opération du procédé ci-dessus; mettez le tout sur un feu
doux , et à l'aide d'une spatule de bois , opérez le
mélange le plus uniformément possible ; la cuisson se reconnaît aux mêmes signes que ceux indiqués précédemment.

On peut, si l'on veut , faire cuire les fruits séparément sous les cendres ou au four, et les ajouter lorsqu'ils sont réduits en marmelade : de cette
manière l'incorporation se fera bien mieux et
plus aisément.

On peut encore faire une autre sorte de raisiné: il se prépare avec des raisins blancs muscats,
et d'autres raisins de treille , les plus délicats; on
y procéde de la même manière que pour le raisiné ordinaire, en ajoutant du moût des mêmes
raisins, et en faisant cuire le tout, avec précaution,
au bain marie. Ce raisiné est le meilleur de tous;
il est aussi moins coloré et moins brun que celui
qu'on fait avec les raisins noirs ; mais on le
trouve rarement dans le commerce ; il se consomme dans les maisons où il a été préparé.

Quelques personnes font encore un raisiné aigrelet , assez agréable au goût avec du verjus ; en
l'égrappant et le mettant cuire dans de bon

moût, on en obtient une espèce de confiture commune, et à peu de frais.

Le raisiné le plus parfait, mais le plus coûteux, serait celui qu'on préparerait avec un raisin de choix, soigneusement égrappé, mondé, foulé avec les mains, et qu'on mettrait dans un sac de toile, à la presse; on en exposerait une portion au feu, et à mesure que la liqueur entrerait en ébullition, on en verserait de temps en temps de l'autre portion; on pousserait l'évaporation jusqu'à la réduction des trois quarts, et on y ajouterait ensuite les poires et les pommes; ce raisiné ainsi dépouillé de la matière extractive de la peau et des pépins, auroit l'avantage de se conserver plus long-temps que les autres, qui, quoique parvenus au même degré de cuisson, sont plus sujets à se détériorer.

L'habitude de préparer du raisiné a rendu familière la connaissance du degré de cuisson auquel il faut le porter pour le conserver d'une année à l'autre, et même deux années, suivant la contrée et la nature du raisin employé; le raisiné, une fois arrivé à ce point, doit être versé dans des pots de faïence ou de grès, secs et propres, et lorsqu'ils sont entièrement refroidis on les recouvre, après avoir appliqué à leur surface un papier imbibé d'alcool, et on les place dans un lieu sec et frais, à l'abri du soleil et de la lumière.

Approvisionnement des fruits pour le Raisiné.

Les poires, attendu le grand nombre des espèces, ne parviennent pas toutes à leur maturité dans le même temps, et comme on ne les récolte pas en assez grande quantité à la fois, pour entreprendre de les sécher, il a y beaucoup de fruit gaspillé.

Mais comme le raisiné consomme une quantité assez considérable de poires, il est cependant nécessaire de pouvoir en conserver jusqu'au moment où l'on prépare cette espèce de confiture; pour cela il y a un moyen bien simple ; faites cuire des poires au fur et à mesure de leur récolte; c'est-à-dire, reduisez-les en marmelade. A l'époque de la vendange , on sera heureux de trouver cet approvisionnement, qui économisera les poires de garde, qu'on aurait été obligé d'employer.

MARMELADES.

Marmelade de Cerises.

Prenez les cerises les plus belles, les plus mûres et les plus vermeilles que vous pourrez trouver;

ôtez-en les queues et les noyaux ; prenez pour chaque livre de fruit une demi-livre de sucre ; clarifiez-le et faites-le cuire au grand perlé ; après quoi, mettez-y votre fruit et remuez-le avec l'écumoire, en tous sens, afin de lui faire prendre le sucre partout, et ayez soin de l'écumer. Laissez cuire le tout pendant une heure ; pour vous assurer de la cuisson, faites ensuite l'épreuve indiquée pour la gelée de groseilles ; quand votre marmelade est finie ne la laissez pas refroidir dans la poêle, parce qu'elle pourrait y prendre un goût de métal, qui non-seulement est désagréable mais aussi nuisible à la santé. Versez-la tout de suite dans des pots. Si vous employez des bocaux de verre, il faut avoir soin de les faire chauffer dessus le feu ; alors vous mettez une cuillerée de votre fruit dans le verre, que vous tournez en tous sens pour que le sucre chaud s'étende partout, après quoi vous remplissez votre bocal avec la marmelade, sans craindre de casser le verre ; ne recouvrez vos bocaux ou vos pots que quand votre marmelade sera refroidie.

Marmelade de Prunes de Reine-Claude.

Prenez de belles prunes qui soient parvenues à leur degré parfait de maturité ; ôtez-en les noyaux, et mettez-les au fur et à mesure dans une terrine ; puis

puis versez-les dans une passoire ; écrasez-les avec un pilon de bois, et recueillez-en la chair dans un vase que vous p'acerez au-dessous; mettez-le ensuite sur le feu pour dessécher votre fruit, et remuez-le souvent avec la spatule ou l'écumoire ; prenez pour six livres de fruits, quatre livres de sucre que vous faites clarifier et cuire au petit cassé, versez-le dessus votre marmelade ; avec la spatule, remuez pour bien incorporer le mélange, et faites cuire jusqu'à ce qu'il soit à consistance de gelée, après quoi vous retirez votre marmelade et la versez dans des pots.

Si vos prunes ne sont pas entièrement mûres faites-leur prendre quelques bouillons; laissez-les égoutter sur un tamis, écrasez-les ensuite dans la passoire, et terminez comme ci-dessus.

Marmelade de Mirabelles.

Il y a des petites prunes jaunes qui ressemblent beaucoup à la mirabelle ; mais pour bien connaître celle-ci, il suffit qu'en l'ouvrant, le fruit étant parfaitement mûr, le noyau quitte la chair sans qu'il y reste rien ; observez pour ces prunes les mêmes procédés que pour les précédentes, excepté que si vos mirabelles sont bien mûres, vous employez autant de sucre pesant que vous avez de fruit, et que vous en mettez un peu davantage, si elles ne le sont pas parfaitement.

Marmelade de Framboises.

Prenez des framboises bien mûres , ôtez-en toute la verdure, pesez-les , et prenez pour chaque livre de fruit une demi-livre de sucre ; passez vos framboises au tamis pour en extraire la pulpe que vous mettez dans une bassine sur le feu, jusqu'à ce qu'elle soit réduite de moitié , ayant soin de remuer avec la spatule ; versez votre fruit sur le sucre que vous avez auparavant clarifié et fait cuire au petit boulet ; remuez bien le mélange avec la spatule, afin de bien l'incorporer ; remettez-le sur le feu , et lorsque vous lui avez donné quelques bouillons , votre marmelade est finie et vous la mettez dans des pots.

Marmelade d'Abricots.

Choisissez de beaux abricots de plein vent qui soient bien mûrs; pelez-les, ôtez-en les noyaux et coupez-les en plusieurs morceaux. Pour six livres d'abricots, prenez quatre livres et demie de sucre concassé ; mettez-le ensuite sur le feu, avec vos abricots, que vous remuez avec une spatule de bois pour leur faire prendre le sucre en tous sens; n'abandonnez point votre marmelade qu'elle ne soit à sa cuisson , sans quoi elle brûlerait , et pour vous assurer si elle est parvenue à celle qu'elle doit avoir, vous en prendrez un peu au bout du doigt, et si en appuyant le pouce dessus et le relevant elle forme un petit filet, c'est qu'elle sera cuite ; alors vous la retirerez et la mettrez dans des pots.

Pour la faire à mi-sucre, vous mettrez autant de fruit que de sucre, mais il est convenable de faire observer qu'elle rend moins de confiture, parce qu'il faut la faire cuire davantage.

Marmelade sans Sucre.

Prenez des abricots que vous ouvrez et dont vous retirez les noyaux ; faites-les cuire à six feux au moins (voyez l'article *cerises sèches*). Plus vous multiplierez cette coction, le refroidissement et le séjour momentané du fruit à l'air froid, plus vous augmenterez la matière sucrée. L'abricot doit réunir toutes les maturités et principalement celle de la coction. De cette manière on aura une excellente marmelade sucrée, sans nulle addition de sucre.

Marmelade de Pêches.

Prenez des pêches bien mûres ; ôtez-en les

noyaux, pelez-les et coupez-les en morceaux ; pour six livres de fruit clarifiez quatre livres et demie de sucre, et faites-le cuire au grand perlé ; étant à ce degré de cuisson, mettez vos pêches dans le sucre, et ne quittez pas votre marmelade, qu'elle ne soit à sa cuisson, de crainte qu'elle ne brûle ; remuez sans cesse avec une spatule de bois, jusqu'à ce qu'elle soit parvenue au degré qu'elle doit avoir : vous vous en assurerez de la manière indiquée à la marmelade d'abricots.

Marmelade de Coings.

Prenez des coings bien mûrs et d'un beau jaune ; pelez-les, ôtez-en les cœurs, et coupez-les en morceaux ; mettez-les sur le feu avec une quantité d'eau suffisante ; quand ils commenceront à s'amollir, retirez les de la poêle, et mettez-les égoutter sur un tamis ; écrasez-les dans un mortier, et passez-les au tamis ; versez cette marmelade dans une égale quantité de sucre, cuit au petit cassé, et remuez ce mélange sur le feu. Quand vous en prendrez sur l'écumoire, et que le laissant tomber, il formera une espèce de gelée, c'est un signe que votre marmelade est cuite ; alors vous la retirerez du feu et la mettrez dans des pots.

Marmelade d'Oranges.

Prenez de belles oranges, de celles qui sont le plus en écorce; ôtez-en la peau, comme si vous vouliez manger le dedans; il n'y a que l'écorce qui peut servir; jetez-les dans l'eau bouillante; quand elles commenceront à s'amollir, retirez-les à l'eau fraîche, puis les faites bien égoutter, et les pilez fortement; passez-les ensuite dans un tamis de crin avec la spatule; le tout étant passé, pesez votre fruit, et pour une livre, prenez une livre et demie de sucre que vous ferez clarifier et cuire au grand perlé; mettez le tout ensemble sur le feu; faites-lui prendre plusieurs bouillons, en remuant sans discontinuer, jusqu'à ce que la marmelade soit achevée; pour connaître si elle est à son degré de cuisson, vous en prendrez avec le bout du doigt, et l'appuierez sur le pouce : si le filet tient, il faut la retirer et la mettre dans les pots.

Toutes les marmelades de fruits jaunes, comme cédrats, citrons, poires, bergamotes, bigarades, chinoises, se font de la même manière que la précédente.

Marmelade de Fleurs d'Orange.

Prenez de belles fleurs d'orange fraîchement

cueillies et bien blanches ; épluchez-les, et mettez-les au fur et à mesure dans l'eau fraîche; ayez
de l'eau bouillante dans une poêle ; jetez-y votre
fleur, et faites lui prendre seulement un bouillon ; retirez-la aussitôt du feu , et mettez-la sur
un tamis ; faites bouillir d'autre eau , jetez-y de
nouveau votre fleur et faites-la blanchir à grand
feu , en exprimant dessus le jus de deux ou trois
citrons ; remuez constamment ce mélange avec
la spatule ; vous reconnaîtrez que votre fleur sera
assez blanchie , en en prenant quelques feuilles
dans les doigts; si elles s'écrasent facilement, vous
la retirez du feu, la mettez sur un tamis et l'y
arrosez avec de l'eau fraîche jusqu'à ce qu'elle
soit entièrement froide; exprimez dans cette eau
le jus d'un citron ; étant égoutté , pressez-la le
plus que vous pourrez dans un linge , pour en
retirer l'eau ; mettez-la dans un mortier , où
vous la pilez jusqu'à ce qu'elle forme une espèce de pâte , et mouillez-la d'un jus de citron ;
prenez ensuite pour une livre de fleurs, trois livres de sucre fin , que vous ferez cuire au perlé ;
mettez votre fleur d'orange pilée dans un poêlon
à part; détrempez-la peu à peu avec quelques parties de votre sucre, en remuant avec une spatule;
quand vous aurez employé environ la moitié de
votre sucre, remettez l'autre partie sur le feu pour
la faire cuire au petit soufflé; jetez-la ensuite sur

votre marmelade en la remuant toujours avec
la spatule pour bien incorporer le mélange ; posez de nouveau votre marmelade sur le feu, sans
la faire bouillir , mais seulement bien chauffer ,
et ensuite versez-la dans des pots.

Marmelade de Verjus.

Prenez de beau verjus ; égrenez-le et mettez-
le dans une poêle sur le feu , avec une quantité
d'eau suffisante pour le faire blanchir ; quand les
grains montent au-dessus de l'eau et se gonflent ,
ajoutez-y le jus d'un citron ; retirez la bassine
du feu , couvrez-la et laissez-la sur des cendres
chaudes, jusqu'à ce que le verjus soit parfaitement
reverdi ; laissez-le refroidir dans la même eau, en
le versant dans une terrine pour éviter l'action
de l'acide sur le cuivre ; égouttez vos grains ;
écrasez-les dans un tamis ; faites-en sortir le jus
que vous remettez sur le feu , pour en faire évaporer l'humidité ; ôtez-le promptement de la
poêle ; pesez-le ; prenez autant de livres de sucre
que vous en aurez de jus , et faites-le cuire au
cassé : jetez-le sur votre verjus , et remuez exactement avec la spatule, pour bien incorporer le
sucre avec le fruit ; remettez le tout sur un feu
doux ; remuez sans discontinuer, et quand vous
vous apercevrez que votre marmelade s'étend

sur la spatule, et tombe en gelée, alors mettez-
la dans des pots.

Marmelade d'Epine-Vinette.

Prenez trois livres d'épine-vinette, autant de
sucre et une livre d'eau ; mettez l'eau dans une
poêle, et égrenez-y l'épine-vinette que vous choisissez bien mûre ; mettez-la sur le feu, et donnez-lui quelques bouillons ; écrasez-la dans un
tamis, après l'avoir fait bien égoutter ; faites dessécher le jus de votre fruit sur un bon feu, en le
remuant avec une spatule jusqu'à ce qu'il quitte
la poêle ; faites ensuite clarifier votre sucre, et
faites-le cuire au soufflé ; jetez votre fruit dedans ;
mêlez-le bien avec le sucre ; remettez ensuite
votre marmelade sur le feu, sans la faire bouillir,
mais seulement bien chauffer, et versez-la dans
des pots.

Cotignac.

Choisissez des coings, beaux, sains et bien
mûrs ; pelez-les, et coupez-les par quartiers ; retirez-en les cœurs ; prenez six livres de fruit ;
mettez-les cuire dans deux livres de sucre à cassé,
jusqu'à ce qu'ils soient reduits en marmelade ;
passez cette marmelade au tamis ; faites cuire
ensuite quatre livres de sucre à perlé, et mettez

y les fruits que vous avez réduits en marmelade.
Faites bouillir jusqu'à ce que le sirop soit revenu
à perlé ; retirez-le alors du feu et écumez-le bien ;
dressez-le dans des petites boîtes rondes, faites
de bois de sapin.

Noix vertes confites au sucre.

Prenez des noix parvenues à leur entière grosseur, mais pas assez mûres pour que le bois soit
bien formé ; pour vous en assurer, prenez une
grosse épingle, et si vous pouvez la faire entrer
aisément dans l'intérieur, vos noix seront bonnes à confire. Piquez chaque noix avec cette
épingle, par-tout et en tous sens, et mettez-les
de suite à l'eau fraîche, où vous les laisserez environ deux heures ; ôtez-les de cette eau, et remplissez la terrine d'une nouvelle eau fraîche ; re-
mettez-y vos noix, et laissez-les tremper pendant quatre jours, en ayant soin de les changer
d'eau toutes les vingt-quatre heures, afin de priver le fruit d'amertume. Au bout de ce temps,
jetez vos noix dans une poêle d'eau bouillante,
pour les blanchir ; lorsqu'elles commencent à
s'amollir, vous les retirez à l'aide de l'écumoire, et les versez dans de l'eau fraîche ; vous les
laissez tremper encore pendant quatre ou cinq
jours en ayant soin de la renouveler tous les

jours; au bout de ce temps, retirez-les et mettez-les dans une terrine vernissée.

Prenez du sucre le plus commun, et faites-le cuire avec de l'eau, passez ensuite votre sirop à la chausse, versez-le dans la poêle après l'avoir bien lavée, remettez-le sur le feu, et faites-le cuire au petit lissé; étant à ce degré de cuisson, retirez-le du feu; et versez-le sur votre fruit dans la terrine, étant à moitié refroidi; faites-bien attention à ne pas vous écarter de cette règle, car si votre sirop était trop chaud, il détacherait la peau des noix; vingt-quatre heures après, remettez votre sirop seul sur le feu, donnez-lui un degré de cuisson un peu plus fort que la première fois; versez le à moitié refroidi sur vos noix, et laissez-les tremper dans le sirop pendant neuf jours. Vous aurez soin de faire cuire votre sirop tous les jours, et chaque fois d'augmenter le degré de cuisson; à la dernière cuisson, le sucre sera au perlé; chaque fois ajoutez un peu de sucre-cassonade; observez que le fruit doit toujours baigner à l'aise dans le sirop.

Le huitième jour, faites infuser quelques clous de girofle et de la cannelle en bâton, dans un verre d'eau; le lendemain, coupez les clous de girofle et les bâtons de cannelle en quatre, par leur longueur; mettez dans chaque noix, en des endroits différens, quatre morceaux de girofle et autant de morceaux de cannelle ; pendant ce temps , faites cuire votre sirop au grand lissé ; versez-le à demi-froid sur votre fruit , et laissez-le encore tremper vingt-quatre heures; le dixième jour , remettez votre sirop au feu , et quand il commencera à bouillir, versez-le dedans votre fruit ; faites-lui prendre dix à douze bouillons , et retirez la poêle du feu : chauffez des bocaux et mettez-y peu à peu vos noix que vous retirez avec l'écumoire ; versez dessus le sirop , en ayant soin que les noix y baignent entièrement ; votre sirop étant tout-à-fait froid , bouchez les bocaux avec des bouchons de liége , que vous recouvrez de parchemin mouillé.

Ces noix sont bonnes à manger de suite et peuvent se conserver dix ans ; mais avec le temps les noix finiront par tarir le sirop : pour y remédier , à mesure qu'il diminuera , vous ferez cuire dans de l'eau de la cassonade , et quand elle sera en consistance de sirop vous la verserez dans les bocaux.

GELÉES.

Gelée de Groseilles.

Choisissez des groseilles bien mûres, prenez-en un tiers de blanches, parce que, outre qu'elles sont moins acides et ont plus de jus , elles donnent à votre gelée une plus belle couleur. Mettez-les avec un peu d'eau dans une poêle, en y ajoutant environ un dixième de framboises, dont vous aurez retiré les queues ; faites-les fondre sur le feu , et remuez de temps en temps pour qu'elles ne s'attachent pas à la poêle ; quand le tout aura bien bouilli , passez-en le jus soit dans un tamis, soit dans un linge neuf, ou qui n'ait servi à aucun usage, de peur de lui donner un mauvais goût ; pesez votre jus, et prenez pour chaque livre, une livre de sucre concassé , et mettez-les ensemble sur le feu, dans une poêle ; il faudra avoir grand soin d'enlever l'écume toutes les fois qu'elle montera. Laissez cuire le tout pendant une demi-heure, environ ; pour vous assurer si elle est cuite à point, mettez plein une cuillerée à bouche de suc dans une assiette bien froide: si en refroidissant il devient épais et en consistance de gelée, vous le retirerez du feu ; au cas contraire, vous lui ferez prendre un ou deux bouillons de plus, et renouvellerez votre essai ; mettez ensuite votre gelée, toute chaude, dans des pots et la laissez refroidir: découpez du papier blanc de la dimension de l'ouverture de vos pots, trempez-le dans de bonne eau-de-vie, appliquez-le sur votre gelée, et recouvrez ensuite vos pots d'un double papier blanc.

Gelée de Groseilles à froid.

Prenez des groseilles bien mûres, exprimez-en le jus, et passez-le au tamis ou à travers un linge, pour l'avoir plus clair ; prenez un poids égal de suc de groseilles et de sucre pulvérisé, mêlez bien le tout ensemble et remuez le mélange avec une cuiller jusqu'à ce que le sucre soit bien fondu ; passez-le ensuite à la chausse, laissez-le reposer, et mettez votre gelée dans des pots que vous exposerez au soleil pendant deux jours. Cette gelée ne peut pas se conserver long-temps, mais elle peut servir, à défaut de fruit, à faire une boisson rafraîchissante, en la délayant dans de l'eau bien limpide.

Gelée de Framboises.

Prenez deux tiers de ce fruit et un tiers de groseilles rouges ; ôtez-en tout le vert, et exprimez tout le jus dans une grande terrine vernissée ; mettez cette terrine et le suc bien couvert, dans une cave ou autre lieu froid, pendant trois jours ; après cet espace de temps, enlevez doucement et avec précaution la peau qui s'est formée sur le suc du fruit, versez le jus par inclinaison dans un autre vase, et jetez le fond qui reste dans le premier , de manière que votre jus soit extrêmement clair et limpide ; pesez-le ensuite et prenez pour chaque livre , une demi-livre de sucre concassé ; mettez-les ensemble au feu , dans une poêle ; ayez soin d'enlever l'écume aussitôt qu'elle montera; laissez cuire pendant une heure; quand votre sirop sera en consistance de gelée, retirez la poêle du feu; empotez votre gelée toute chaude, et laissez-la refroidir avant de la couvrir.

Gelée de Pommes.

On la fait avec la pomme de reinette à laquelle on mêle quelquefois la calville; prenez-en la quantité que vous voudrez , choisissez-les de belle qualité; pelez-les, et ôtez-en les cœurs, le fruit et les mains plongées dans l'eau, pour prévenir la coloration du fruit. Il faut un couteau à lame d'argent. Coupez-les en plusieurs morceaux; lavez-les bien à l'eau chaude pour les nettoyer ; égouttez-les, mettez-les dans une bassine, sur le feu, avec une quantité d'eau suffisante pour qu'elles puissent y tremper à l'aise; vos fruits étant réduits en marmelade , versez-les dans un tamis pour en extraire le jus, que vous passez à la chausse jusqu'à ce qu'il soit clair-fin; pesez ensuite votre liqueur, et prenez pour chaque livre, une pareille quantité de sucre ; faites-le clarifier et cuire au cassé, versez dedans votre décoction ayant soin de remuer le mélange avec l'écumoire pour l'empêcher de franchir les bords de la bassine; pour connaître lorsqu'il sera à son point de cuisson, vous y tremperez votre écumoire et l'inclinerez sur le côté; si votre gelée tombe en nappe, retirez la, exprimez dedans le jus d'un citron, et versez-la dans des pots; laissez-la refroidir avant de les couvrir. Si vous voulez donner à votre gelée une belle couleur jaune, mettez infuser, pendant vingt-quatre heures, un peu de safran dans un verre d'eau; passez cette infusion dans un petit morceau de linge, et versez-en dans la bassine, avant que votre gelée ne commence à s'épaissir, autant qu'il en faut pour lui donner la couleur que vous désirez.

Gelée de Pommes sans sucre.

La pomme destinée à faire cette gelée doit avoir tous les degrés de maturité possibles; en sorte que les mois de mars ou avril sont l'époque la plus convenable pour la confection de cette gelée ou sirop de pomme. Faites un choix de pommes et ayez soin de rejeter celles qui auraient souffert pendant l'hiver; broyez-les au moulin; exprimez-en le jus au pressoir. Le suc passe trouble, bientôt il coule plus clair : c'est ce dernier que vous réservez , ainsi que le suc de la dernière expression , qui provient d'un peu d'eau jeté sur le marc.

Mettez ce moût dans une large bassine , sous un feu assez fort ; faites-le évaporer jusqu'à réduction de moitié pour faire du sirop, ou des trois quarts pour faire votre gelée , et jetez dedans des zestes de citron , seulement pour l'aromatiser.

Cette gelée a toute la consistance de celle faite avec du sucre , avec un peu moins de blancheur et de limpidité.

Le moût réduit à moitié environ , essayez-le au pèse-liqueur ; pour être converti en sirop, il doit porter de vingt-huit à trente degrés, chaud ; ce qui, après le refroidissement, le porte à trente-deux degrés. On voit que ce procédé consiste à évaporer environ à moitié le moût pour le convertir en sirop. Cette quantité relative du moût et du sirop dépend entièrement de la qualité de la pomme ; car dans cette saison elle a toute la maturité dont elle est susceptible ; le moût évaporé de moitié environ fait le sirop ; mais il faut le faire évaporer des trois quarts pour avoir la gelée.

Gelée de Coings.

Prenez de beaux coings, bien jaunes, qui ne

soient pas cependant à leur parfaite maturité ;
essuyez-les, coupez-les par morceaux et enlevez-
en les pépins ; mettez-les dans une bassine, avec
une quantité suffisante d'eau , pour en faire une
forte décoction ; quand ils sont bien cuits; jetez-
les sur un tamis, au-dessus d'une terrine ; laissez
égoutter vos coings , et pressez-les même un peu;
passez-en le jus à la chausse , et ensuite pesez-le ;
prenez une égale quantité de sucre ; faites-le
clarifier et cuire au cassé ; retirez-le pour y verser votre décoction; remuez bien le mélange avec
l'écumoire et ensuite remettez-le sur le feu. Vous
jugez de sa cuisson en y trempant l'écumoire ;
si votre gelée tombe en nappe, alors il faut la retirer et la mettre dans des pots.

CONSERVES.

Les conserves sont une espèce de pâte sèche ,
que l'on fait avec la marmelade de toutes sortes
de fruits, du sucre et des essences; on leur a donné ce nom, parce que sous cette forme elles conservent aux fruits et aux essences des fleurs leurs
qualités primitives.

Conserve au Caramel.

Prenez une telle quantité de sucre que vous

voudrez ; clarifiez-le, et faites-le cuire au degré du caramel ; préparez plusieurs caisses en papier double ; votre sucre étant cuit au caramel, met- tez-le dans vos caisses, en couches d'un demi- doigt d'épaisseur ; ensuite pendant qu'il est encore chaud, tracez dessus avec la pointe d'un couteau, des tablettes de la grandeur que vous voudrez ; votre conserve étant refroidie, cassez-la dans les lignes que vous avez marquées.

Conserve de Fleurs d'orange.

Prenez une livre de fleurs d'orange ; épluchez-les, et hachez-les avec un couteau en y pressant quel- ques gouttes de jus de citron ; faites fondre qua- tre livres de sucre fin, dans une quantité d'eau suf- fisante, écumez-le et jetez-y votre fleur d'orange ; faites cuire le tout au petit cassé ; remuez-le vi- vement, avec une spatule, et retirez-le lorsque le mélange commence à boursoufler ; versez-le dans de petites caisses de papier ou dans des moules.

Conserve de Cerises.

Prenez une livre et demie de cerises, trois on- ces de groseilles rouges ; ôtez les noyaux des ce- rises, et égrenez les groseilles ; mettez vos fruits dans une bassine d'argent, sur un feu doux, et faites-les réduire à six onces environ ; pendant ce temps vous ferez fondre deux livres et un quart de sucre, et le mettrez au grand cassé ; jetez dedans votre fruit, et remuez jusqu'à ce que le mélange commence à boursouffler ; versez alors votre conserve dans des caisses de papier.

Conserve de Groseilles.

Prenez une livre de groseilles rouges égrenées ; mettez-les sur le feu, dans une bassine d'argent pour faire évaporer l'humidité ; pressez-les ensuite sur un tamis, pour en extraire le jus; remettez ce jus sur le feu, et faites-le dessécher, en remuant sans discontinuer, jusqu'à ce que vous puissiez voir le fond de la bassine ; vous aurez eu soin de faire fondre une livre et demie de sucre, et de le laisser cuire au grand cassé; vous le verserez sur les groseilles, et remuerez de manière à empêcher qu'elles ne s'attachent à la bassine; vous retirerez ensuite votre mélange du feu, et continuerez de le remuer avec une spatule jusqu'à ce qu'il boursouffle ; votre conserve alors est bonne à verser dans les caisses ou les moules.

Conserve de Framboises.

Prenez une demi-livre de framboises, et deux onces de groseilles; mêlez-les ensemble, écrasez-les, et passez-les au tamis; faites dessécher le jus sur le feu doux, jusqu'à ce qu'il soit réduit à moitié; prenez trois quarterons de sucre que vous faites fondre et cuire à la plume; remuez jusqu'à ce qu'il forme une glace à la superficie; laissez-le un peu refroidir, et jetez dedans votre fruit; incorporez bien le tout, et versez-le dans les caisses ou les moules.

Conserve d'Abricots et de Pêches.

Prenez quinze ou dix-huit abricots, suivant leur grosseur, qui ne soient pas tout-à-fait mûrs; ôtez-en les noyaux et les peaux; coupez-les par tranches, et faites-les cuire avec un peu d'eau, jusqu'à ce qu'ils soient réduits en une marmelade bien desséchée et épaisse; vous prendrez une livre de sucre pour un quarteron de fruit, vous ferez cuire ce sucre à la plume un peu forte; quand il sera un peu refroidi, vous mettrez le fruit dedans, et l'y incorporerez bien, en remuant avec une spatule; dressez cette conserve en petites pâtes, ou versez-la dans les caisses ou moules.

Faites de même la conserve de pêches.

Conserve d'Amandes douces.

Prenez un quarteron d'amandes douces; pilez-les après les avoir échaudées, pelées et rafraîchies; arrosez-les, en les pilant, d'un jus de citron; faites cuire une livre de sucre à la grande plume; retirez-le du feu, et lorsqu'il commence à blanchir, mettez vos amandes dedans; mêlez bien le tout, et quand votre conserve commencera à prendre, versez-la dans les moules.

Conserve d'Epine-Vinette.

Prenez une livre d'épine-vinette qui soit bien mûre, et mêlez-la avec une demi-once de graines de fenouil en poudre; mettez le tout dans une bassine d'argent; ajoutez-y un verre d'eau, et faites prendre trois ou quatre bouillons à votre mélange; mettez-le ensuite sur un tamis, et pressez un peu pour exprimer le jus; remettez ce jus dans la bassine, que vous posez sur le feu; jetez-y deux livres de sucre cuit au cassé; donnez-lui quelques bouillons et versez ensuite votre conserve dans les moules.

COULEURS.

Ce sont les diverses teintures qu'on empioie pour colorer les gelées, compotes, marmelades, glaces, fromages glacés, liqueurs, etc. ; ces couleurs sont le bleu, le jaune, le rouge, le vert, le violet et le pourpre. Le blanc se fait naturellement. Le noir n'a rien d'assez attrayant pour réjouir la vue.

Couleur bleue.

Le bleu se fait tout simplement, en frottant sur une assiette une pierre d'indigo ; on le peut faire plus ou moins clair, ou foncé.

Couleur jaune.

Prenez un morceau de gomme gutte, que vous frottez sur une assiette avec un peu d'eau chaude ; lorsque vous verrez que l'eau a pris assez de couleur, vous pourrez vous en servir pour colorer ce que vous voudrez. On fait aussi une très belle teinture jaune, en faisant infuser une pincee de safran dans de l'eau tiède.

Cette teinture se fait aussi avec les étamines du lis, que l'on fait sécher au soleil : réduite en poudre, on la détrempe dans une cuillerée d'eau de fontaine avec un peu d'eau de fleurs d'orange.

Couleur rouge.

Pour faire cette couleur, prenez une once de cochenille, que vous réduisez, en la pilant, en poudre très-fine ; pilez pareillement une once de crème de tartre et deux gros d'alun de glace ; faites bouillir un demi-septier d'eau dans un poêlon ; quand elle bouillira, jetez-y la cochenille, dix minutes après mettez-y la crème de tartre et l'alun, et faites prendre encore quelques bouillons ; retirez-la ensuite du feu, et la laissez reposer, filtrez ensuite votre liqueur, et mettez-la en bouteilles pour vous en servir au besoin.

Couleur verte.

Prenez deux ou trois fortes poignées d'épinards ; épluchez-les et lavez-les, faites-les égoutter ; mettez-les ensuite dans un mortier de marbre, et pilez-les ; passez-les ensuite dans un torchon pour en extraire le jus que vous mettez sur le feu, en le remuant avec une spatule de bois ; quand il sera tourné vous jetterez le tout sur un tamis de soie, pour séparer le vert d'avec l'eau ; mettez le vert qui reste égoutté sur votre tamis, dans un mortier, et pilez-le avec un peu de sucre clarifié ; passez ensuite le tout au tamis de soie pour vous en servir au besoin.

Couleur violette.

On fait cette couleur en mêlant de la teinture de cochenille avec une égale quantité de celle d'indigo, et on suit le procédé indiqué à l'article *couleur rouge*.

On la fait aussi avec des tablettes de tournesol; pilez-en dans un mortier une certaine quantité, et reduisez-la en poudre très-fine; jetez-y de l'eau bouillante, et remuez bien le mélange; laissez-le refroidir; tirez-le au clair, et versez-le dans la liqueur avant de la filtrer.

SIROPS.

Sirop de Groseilles framboisé.

Prenez une livre de groseilles qui ne soient pas tout-à-fait parvenues à leur degré de maturité, une livre de cerises de belle qualité, et autant de framboises; ôtez les noyaux et tout ce qu'il y a de vert dans ces fruits; exprimez-en le suc dans une terrine, passez ce suc dans un tamis, et le laissez reposer pendant quarante-huit heures dans une cave; au bout de ce temps passez-le à la chausse jusqu'à ce qu'il soit parfaitement clair. Le parfum de la framboise est assez volatil,

volatil, il pourra bien arriver que votre suc n'en
soit que très-faiblement imprégné ; pour remédier à ce défaut, prenez une certaine quantité
de framboises bien mûres, c'est-à-dire propor-
tionnellement à la quantité de suc bien clarifié
que vous aurez obtenu ; mettez infuser ces framboises dans votre suc, pendant trois ou quatre
jours, après quoi versez le tout sur un tamis de
soie ; laissez filtrer tranquillement la liqueur sans
presser la framboise. Pour huit onces de ce suc
prenez quinze onces de sucre concassé ; mettez
l'un et l'autre dans un matras ou dans tout autre vase, d'abord le sucre, ensuite le suc de vos
fruits ; placez votre vase au bain-marie, sur un
feu modéré ; quand votre sucre sera tout-à-fait
fondu, vous laisserez éteindre le feu et refroidir
le vaisseau, après quoi vous verserez le sirop dans
les bouteilles ou flacons destinés à cet usage.

Sirop de Mûres.

Prenez deux livres de mûres, un peu avant
leur parfaite maturité, parce que si vous atten-
diez qu'elles fussent parfaitement mûres, votre
sirop serait trop fade, et pour être bon il doit
être un peu aigrelet ; réduisez en poudre deux
livres de sucre que vous mettrez dans une
poêle à confiture avec les deux livres de mûres ;

donnez-vous bien de garde d'écraser le fruit, votre sirop resterait trouble ; mettez la poêle sur un feu très-modéré, la chaleur fera bientôt crever les mûres, qui par ce moyen, rendront tout leur suc parfaitement clair, et ce suc dissoudra le sucre en poudre ; donnez quelques bouillons au mélange ; vous reconnaîtrez le juste degré de cuisson en faisant tomber d'un peu haut, et sur une assiette de faïence, du sirop que vous aurez pris avec une cuiller ; s'il n'éclabousse point, et qu'il fasse comme un petit bourrelet autour de l'endroit où il sera tombé, vous jugerez qu'il sera suffisamment cuit ; retirez alors la poêle du feu, et lorsque le tout sera à peu près refroidi, vous le mettrez en bouteilles.

Sirop de Verjus.

Prenez du verjus bien vert, écrasez-le dans une terrine ; passez-le d'abord au tamis, et ensuite par la chausse jusqu'à ce qu'il soit bien clair ; faites cuire ensuite quatre livres de sucre à la grande plume ; versez dans la poêle et sur le sucre une chopine de suc de verjus ; donnez-lui quelques bouillons, et faites-le cuire au perlé ; laissez refroidir votre sirop, et mettez-le ensuite en bouteilles.

Sirop de Pommes.

Prenez un demi-quarteron de belles pommes de reinette ; pelez-les et coupez-les en tranches aussi minces que vous pourrez ; mettez-les dans un vase de faïence avec une livre et demie de sucre en poudre, et six cuillerées d'eau ; bouchez le vase, et placez-le au bain-marie, où vous le laisserez pendant deux heures, en entretenant le feu au degré de l'eau bouillante ; ayez soin de remuer de temps en temps votre vase, sans le sortir de l'eau, parce qu'étant saisi par le froid, il pourrait se casser ; après deux heures de cuisson, laissez éteindre le feu et refroidir votre vase dans le bain-marie ; quand le sirop sera presque froid vous l'aromatiserez, en y exprimant du suc de citron, et en y ajoutant une cuillerée d'esprit de citron, ou une cuillerée d'esprit de cannelle, ou de l'eau de fleur d'orange, ou enfin tel parfum qu'il vous plaira. Si vous voyez alors une espèce de fécule se précipiter au fond du vase, laissez reposer le tout pendant quelques heures encore, après quoi versez bien doucement votre sirop dans les bouteilles ; faites cette opération le plus adroitement possible, pour ne pas troubler votre sirop.

Pour le sirop de pommes sans sucre , voyez *la gelée de pommes.*

Sirop de Coings.

Choisissez des coings , beaux, sains et bien mûrs ; rapez-les jusqu'au cœur et exprimez-en le jus à travers un linge ; mettez-le en bouteilles, et l'exposez à la chaleur du soleil , ou à une certaine distance du feu , sans boucher les bouteilles jusqu'à ce que ce jus, ayant formé son dépôt, soit limpide ; décantez-le doucement ; faites cuire du sucre au degré de soufflé , et mettez dedans chaque livre , pour quatre onces de jus. Si par hasard votre jus avait trop décuit le sucre, faites le recuire à perlé, degré de la cuisson des sirops. Si au contraire il n'étoit pas assez décuit , mettez un peu plus de jus ; votre sirop étant parfait, retirez la poële du feu , mettez-le en bouteilles presque froid.

Sirop de Cerises.

Prenez de belles cerises, bien mûres et bien saines ; ôtez-en les queues et les noyaux ; mettez-les sur le feu avec un peu d'eau ; faites-leur prendre huit ou dix bouillons ; passez-les au tamis, en les pressant un peu pour en exprimer tout le jus; mettez alors votre jus dans une poêle, et ajoutez pour chaque livre deux livres de sucre concassé, et un verre d'eau dans lequel vous aurez fait infuser la veille deux gros de cannelle; faites cuire votre sirop pendant une demi-heure, en ayant soin de bien l'écumer; étant cuit à la grande plume, retirez-le du feu; laissez-le refroidir, et mettez ensuite votre sirop dans des bouteilles.

Sirop de Vinaigre framboisé.

Prenez un bocal de verre ou bien une cruche de grès; faites infuser dans une pinte et demie ou deux pintes de bon vinaigre, autant de framboises bien mûres et bien épluchées qu'il pourra y en entrer, sans que le vinaigre surnage; après huit jours d'infusion, versez tout à la fois, et le vinaigre et les framboises sur un tamis de soie, en pressant un peu le fruit, pour en exprimer tout le jus; votre vinaigre étant parfaitement clair et bien imprégné de l'odeur de la framboise, pesez-le et pour une livre de liqueur, prenez deux livres de beau sucre que vous concasserez grossièrement; mettez-le dans un vase de faïence, et versez dessus votre vinaigre aromatisé; bouchez bien votre vase, et placez-le au bain-marie, à un feu très-modéré; aussitôt que le sucre sera fondu, laissez éteindre le feu, et votre sirop étant presque refroidi, vous le mettrez en bouteilles que vous aurez soin de boucher bien exactement.

Sirop de Guimauve.

Prenez six onces de racines de guimauve récente; lavez-les à plusieurs reprises pour bien en emporter toute la terre; ôtez-en la première écorce, en les ratissant légèrement; coupez-les par tranches; faites-les bouillir dans trois ou quatre livres d'eau, sept ou huit minutes seulement, parce que la racine de guimauve, en bouillant plus long-temps, formerait un mucilage capable de gâter votre sirop; passez cette décoction par un tamis. pour en séparer les racines; faites-y fondre six livres de sucre; clarifiez le mélange au blanc d'œuf, ainsi que nous l'avons indiqué; écumez-le avec soin; faites-le cuire au petit perlé; alors retirez promptement du feu votre sirop, laissez-le refroidir et mettez-le en bouteilles.

Sirop de Capillaire.

Le capillaire est un végétal qui contient un principe odorant, léger et fort agréable. On en connaît de plusieurs sortes. Ceux qu'on emploie le plus ordinairement sont celui de Montpellier et celui du Canada. Ce dernier perdant beaucoup de sa qualité aromatique dans le trajet, est fort inférieur au nôtre en bonté, et notamment à celui des montagnes de la haute Bourgogne, qui est bien supérieur à ceux qu'on emploie le plus communément, même à celui de Montpellier.

Prenez une once du meilleur capillaire : le plus odorant et de l'odeur la plus suave sera incontestablement le meilleur, et de quelque pays qu'il soit il doit avoir la préférence ; mettez votre capillaire dans une terrine vernissée ; versez par dessus quatre livres d'eau bouillante ; laissez durer l'infusion pendant douze heures, et sur la cendre chaude ; exprimez et coulez cette infusion, elle vous donnera une forte teinture de capillaire ; faites fondre dans cette teinture quatre livres de sucre ; mettez le tout sur le feu dans une poêle à confiture, et clarifiez-le au blanc d'œuf, de la manière accoutumée ; continuez la cuisson, quand votre sirop sera cuit au perlé, versez-le promptement sur du nouveau capillaire haché grossièrement, que vous aurez mis dans une terrine, couvrez bien cette terrine, et quand vous verrez que le sirop se refroidira vous pourrez l'aromatiser si vous voulez ; étant tout-à-fait refroidi, passez-le par une étamine, pour séparer les feuilles du capillaire ; mettez-le ensuite en bouteilles que vous aurez soin de bien boucher.

Sirop d'Orgeat.

Prenez une demi-livre d'amandes amères et une livre et demie d'amandes douces ; jetez-les dans l'eau bouillante, mais hors du feu ; il faut les y laisser tremper jusqu'à ce que la peau puisse s'en séparer facilement ; émondez-les, et versez-les à mesure dans l'eau fraîche ; égouttez-les et mettez-les dans un mortier de marbre ; pilez-les de manière qu'on n'aperçoive aucun fragment d'amandes ; mouillez de temps en temps avec un peu d'eau, que vous prendrez sur cinq demi-septiers d'eau dont le reste vous servira dans le cours de votre opération ; votre pâte étant bien déliée, délayez-la avec la plus grande partie de l'eau dont nous venons de parler ; réservez-en seulement six onces ou environ ; passez la pâte ainsi délayée au travers d'une toile forte que vous tordrez le plus fortement qu'il vous sera possible, pour en retirer tout le lait d'amandes ; remettez le marc dans le mortier, pilez-le de nouveau, en ajoutant peu à peu le reste de l'eau que vous avez conservée ; passez de nouveau ce mélange, et exprimez-en tout le liquide qu'il pourra contenir ; mêlez ces deux laits d'amandes ensemble. Prenez quatre livres et demie de sucre que vous clarifierez et ferez cuire au fort boulet ; étant à ce degré de cuisson , vous y mettrez votre lait d'amandes que vous laisserez sur le feu , en le remuant avec l'écumoire jusqu'à ce qu'il monte , c'est-à-dire qu'il faut le retirer du feu au premier bouillon, et y mettre un demi – verre d'eau de fleur d'orange , le verser de suite dans une terrine , et lorsqu'il sera froid , le vider dans des bouteilles : on peut ajouter en pelant les amandes deux onces des quatre semences froides, le sirop n'en sera que plus rafraîchissant. On le fait cuire encore d'une autre manière : on met le lait d'amandes dans un vase de faïence avec le sucre pilé grossière-ment , et on place le tout au bain-marie ou sur des cendres chaudes ; quand le sucre est dissous , ce qu'on accélère en remuant de temps en temps, on le retire du feu , et lorsque le sirop est refroidi on l'aromatise avec de l'eau de fleur d'orange ; on passe le tout à travers une étamine blanche , et on le met en bouteilles.

Après avoir indiqué les manières de faire les sirops , il est nécessaire d'expliquer les précau-tions qu'il faut prendre pour les conserver long-temps en bon état ; elles ne sont ni en grande quantité, ni fort difficiles : nous ne parlerons que de celles qui sont de quelque importance.

Il ne faudra mettre vos sirops que dans des bouteilles d'un très-petit diamètre , parce qu'é-tant obligé de les laisser en vidange , moins votre sirop aura de surface, et moins l'air pourra agir sur lui.

Quelque temps après que les sirops auront été faits, il faudra déboucher toutes vos bouteilles, pour enlever avec une plume une petite pellicule souvent moisie, qui se sera formée entre le bouchon et la surface du sirop.

Il faudra enfin, autant que les circonstances pourront le permettre, placer vos bouteilles de sirop dans un endroit d'une température à peu près égale dans toutes les saisons, ni trop froide ni trop chaude : au défaut d'un endroit semblable, pour plus de sûreté, il faudra placer vos bouteilles à la cave.

Sirop Violat, d'Œillet, de Fleurs d'Orange et de Coquelicot.

Prenez une livre de fleurs de violettes bien mondées de leurs queues et de leurs calices; celles de jardin sont les meilleures; pilez-les, mais très-légèrement dans un mortier de marbre, et avec un pilon de bois : ayant légèrement pilé vos fleurs, mettez-les dans un vase de faïence; versez par-dessus deux livres d'eau bouillante; vous aurez soin, avant que de mettre vos fleurs dans le vase, de le faire chauffer un peu, de peur qu'il ne casse lors de cette opération; bouchez bien hermétiquement cette infusion ; placez-la sur des cendres chaudes et laissez ainsi vos fleurs infuser pendant vingt-quatre heures ; le lendemain passez votre infusion, en exprimant bien le tout dans une serviette, pour en retirer toute la teinture ; laissez reposer ce produit pendant une demi-heure ; décantez la liqueur en l'inclinant doucement pour séparer la fécule qui se sera précipitée au fond ; pesez-la, vous en trouverez à peu près dix-sept onces ; pour cette quantité prenez deux livres de sucre cassé en morceaux ; mettez-le avec votre infusion dans votre vase de faïence ; couvrez-le hermétiquement et placez-le au bain marie à un feu bien modéré ; vous le remuerez de temps en temps sans le déboucher, pour accélérer la dissolution du sucre. Votre sucre étant dissous, laissez éteindre le feu, et refroidir le sirop ; alors vous pourrez le verser dans des bouteilles.

Les sirops d'œillet, de fleurs d'orange, de coquelicot se font d'après les mêmes procédés.

Sirop de Punch.

Exprimez des citrons jusqu'à la concurrence de trois quarterons de suc ; ce suc ne sera point clair, il aura un œil louche ; laissez-le reposer quatre jours à la cave, après quoi passez-le au pa-

pier joseph jusqu'à ce qu'il soit clair ; faites bien
attention à ce qu'il ne moisisse pas, car il y est
fort sujet ; pour éviter cet inconvénient, choisissez des citrons dont l'extérieur soit parfaitement sain , et rejetez en outre tous ceux dont le
suc est amer ; prenez une livre et demie de beau
sucre ; cassez-le en petits morceaux gros comme
le pouce ; mettez-le dans un matras de quatre à
cinq pintes ; versez par-dessus votre sucre le suc de
citron bien clarifié ; bouchez l'ouverture du matras avec du papier, et placez-le sur le feu, au bain-
marie ; aussitôt que vous vous apercevrez de la
dissolution complète du sucre, laissez éteindre le
feu, et refroidir le matras ; étant encore un peu
chaud, aromatisez-le avec deux cuillerées d'esprit de citron, et versez-y ensuite une bouteille
de rack ou de rhum. Remuez le vaisseau pour faciliter le mélange du sirop avec la liqueur ; couvrez bien le vaisseau jusqu'à ce qu'il soit entièrement refroidi, et mettez ensuite votre sirop dans
des bouteilles.

GLACES.

Pour faire des glaces, il faut avoir, en-
tr'autres ustensiles, des seaux garnis d'un robinet, ou cuves profondes, pour recevoir la glace ;
une sorbetière ou salbotière d'étain ou de
fer-blanc, une houlette en fer-blanc, ou une

cuiller de bois à long manche , dont le cuilleron est coupé en travers pour la rendre coupante.

Les sorbetières d'étain sont préférables à celles de fer - blanc , en ce qu'elles se conservent bien plus long-temps , et que la crème qu'on y met y gelant bien moins vite , la glace en devient beaucoup plus douce et plus agréable.

Prenez de la glace en quantité suffisante , suivant ce que vous en voulez faire ; par livre de glace une livre de sel commun, et deux poignées de charbon en poudre grossière ; pilez la glace , et mêlez-la avec le sel et le charbon dans le seau à glacer ; il doit être étroit et avoir plus de profondeur que la salbotière , laquelle doit être environnée de tous côtés par la glace qui n'occupe autour d'elle qu'une épaisseur d'un pouce et demi à deux pouces. Versez votre crème préparée pour glacer, dans votre sorbetière fermée de son couvercle , et mettez-la dans le seau rempli de glace; laissez-la reposer pendant un quart d'heure; ouvrez alors la boîte sans la retirer du seau, et détachez avec la spatule ou la houlette la portion qui se condense sur les parois; ramenez-la au centre, et remuez dix ou douze minutes pour bien mêler cette partie glacée de votre crème avec la partie liquide. Cela étant fait, fermez la sorbetière ; prenez-la par l'anse , tournez - la dans la glace , et cela sans discontinuité pendant un quart d'heure, pour éviter qu'il ne se forme des glaçons isolés, le mérite de la glace étant de se glacer uniformément. Pour la seconde fois ouvrez la boîte ; repoussez, comme vous avez fait la première, la glace des parois, et incorporez-la bien avec la partie liquide, de sorte que la crème soit parfaitement égale et ne présente plus de glaçons; refermez la boîte, et continuez de tourner et de remuer alternativement, jusqu'à ce que votre crème soit assez ferme et assez compacte. Il faut avoir soin pendant cette opération de faire écouler de temps en temps, par le petit robinet, l'eau qui se sera amassée au fond du seau, et de regarnir le seau avec une quantité de sel et de glace pilée égale à celle qui peut s'être écoulée ; rapprochez sans cesse la glace autour de la sorbetière. Quand vos glaces seront prises, dressez-les promptement dans des verres pour les servir ; si vous ne voulez pas les servir dans le moment, il faudra les laisser à la glace, et les travailler encore au moment où vous voudrez les retirer : travailler, c'est remuer avec la spatule jusqu'à ce qu'il ne reste plus de grumeaux ou de glaçons. Si vous voulez donner à votre glace la forme d'un fromage ou d'un fruit, mettez-la dans des moules de fer-blanc, que vous fermerez de leur couvercle, et que vous mettrez dans de la glace pilée. Si vous voulez servir votre fromage à la crème, trempez la forme dans de l'eau chaude; retirez-la promptement, de crainte que la glace ne se fonde; essuyez cette forme avec un linge; ouvrez-la et renversez-la sur une assiette pour y laisser la glace, et servez-la promptement. Ce procédé est le même pour toutes sortes de glaces : il ne faut pas glacer trop fortement; rien n'engourdit les papilles nerveuses et n'émousse le goût, comme un froid excessif, et alors une glace outrepassant son effet tonique, nuit souvent à la digestion.

Glaces à la Vanille.

Prenez deux pintes de bonne crème douce, mettez-la au feu, faites-la bouillir; pendant ce temps, prenez douze œufs, fouettez-en les blancs dans une poêle à confitures avec un petit balai d'osier; étant en consistance de neige très-compacte, versez-y huit jaunes d'œufs et une livre de beau sucre en poudre très-fine; remuez bien le tout ensemble avec le petit balai, et versez-y peu à peu votre crème bouillante; fouettez bien votre mélange; en le mettant sur le feu, versez-y une demi-once de vanille concassée grossièrement; faites prendre à votre mélange trois ou quatre bouillons, passez-le ensuite au tamis; remuez-le un peu pour l'aider à passer; étant refroidi, mettez-le dans la salbotière ou sorbe-

tière que vous mettez ensuite dans le seau rempli
de glace , dans lequel vous la glacerez comme
nous venons de l'indiquer.

Glaces au Verjus.

Prenez quatre livres de verjus , égrenez - le et
broyez-le dans un mortier ; mouillez-le avec deux
pintes d'eau , et passez - le ensuite à travers un
linge que vous tordrez et presserez le plus que
vous pourrez ; mettez - y deux livres de sucre , et
remuez jusqu'à ce qu'il soit entièrement fondu ;
versez ensuite le mélange dans la sorbetière , et
faites - le glacer comme de coutume.

Glaces aux Framboises.

Prenez de belles framboises ; écrasez-les dans
une terrine , et passez-les à un tamis de crin serré ; mettez ce jus dans une terrine vernissée , et
laissez-le reposer dans un endroit frais pendant
trois ou quatre jours. Au bout de ce temps enlevez doucement la petite peau qui se sera formée
au dessus, et décantez votre suc dans un autre vase.
Prenez une livre et demie de sucre pour une
égale quantité de suc de framboises ; faites-le clarifier avec une pinte et demie d'eau dans une
poêle à confiture ; ajoutez-y votre suc, et faites-

lui jeter cinq à six bouillons avec le sirop. Si votre liqueur n'était pas assez colorée , ajoutez-y une racine d'orcanette que vous y laissez jusqu'à ce qu'elle soit au point de couleur que vous désirez ; passez la ensuite au tamis ; étant refroidie , mettez-la dans la sorbetière , et glacez comme il a été indiqué.

Glaces aux Pistaches.

Pour une pinte et demie de crème double , prenez une livre de pistaches ; mondez-les, et mettez les à mesure dans l'eau fraîche ; égouttez-les et séchez-les dans une serviette ; mettez-les dans un mortier , et pilez-les en y ajoutant de temps en temps un peu de crème et une rapure de citron ; vos pistaches étant bien pilées , mettez-les dans une poêle avec dix jaunes d'œufs bien frais et trois quarterons de sucre en poudre ; incorporez bien le tout ensemble : votre mélange étant bien fait, mouillez peu à peu avec votre pinte et demie de crème; mettez-la cuire doucement, et remuez-la , sans la quitter, jusqu'à ce que vous la voyez s'épaissir , et surtout prenez garde qu'elle ne bouille, ce qui ferait tourner les œufs, étant à ce point, vous y ajouterez un peu de vert d'épinards, pour donner à vos glaces une belle couleur verte; passez-les dans une étamine, et quand elles seront froides vous les glacerez suivant la forme indiquée.

Glaces à l'Orange.

Prenez douze belles oranges ; coupez-en l'é-
corce , séparez-les en quartiers , ôtez-en les
cœurs , et pilez-les dans un mortier de marbre
avec la rapure de deux écorces d'orange ; passez-les dans un linge en les pressant le plus possible : quand vous en aurez extrait le jus, vous le
mêlerez avec une demi-livre de sucre que vous
aurez fait fondre dans une chopine d'eau ; mettez ce mélange dans une sorbetière , et glacez
comme il a été indiqué.

Glaces à la Fraise.

Prenez des fraises fraîchement cueillies , bien
mûres et d'un bon parfum ; épluchez-les, et passez-les au tamis de crin serré pour que les grains
ne passent pas au travers : pour une livre environ de fraises , vous mettrez trois quarterons
de sucre clarifié au petit lissé ; vous mêlerez bien
le tout ensemble , et les mettrez dans la salbotière pour les glacer comme il est dit.

Glaces à la Fleur d'Orange.

Prenez une demi-livre de fleurs d'orange bien

épluchées, mettez-les dans un vase, et versez dessus une livre et demie de sucre que vous aurez fait fondre dans une chopine et demie d'eau ; fermez votre vase, et laissez infuser ce mélange pendant cinq heures ; vous le passerez après ce temps au tamis de soie, et y ajouterez deux cuillerées de suc de citron : vous le mettrez ensuite dans la sorbetière, et le ferez glacer comme les autres.

Manière de faire une Glacière.

Les propriétaires qui n'ont point de glacière ne peuvent se procurer le plaisir de prendre des glaces qu'en hiver ; mais comme c'est surtout en été qu'elles sont le plus en usage, nous croyons donc devoir leur indiquer un moyen facile d'établir à peu de frais une glacière dans leurs propriétés.

Une glacière est un lieu creusé dans un terrain sec pour y serrer de la glace ou de la neige pendant l'hiver, pour la conserver pour l'été.

On la place ordinairement dans quelque endroit dérobé d'un jardin, dans un bois, dans un bosquet, ou dans un champ près de la maison. Il faut que le terrain ne soit point exposé au soleil, ou du moins qu'il le soit très-peu. On y creuse une fosse ronde, de deux toises ou de deux toises et demie de diamètre par le haut, finissant en bas comme un pain de sucre renversé ; la profondeur ordinaire de la fosse est de trois toises ou environ ; au reste plus une glacière est profonde et large, mieux la glace et la neige s'y conservent.

Quand on creuse la glacière, il faut toujours aller en rétrécissant par le bas, de crainte que la terre ne s'affaisse ; il est bon de revêtir la fosse depuis le bas jusqu'en haut, d'un petit mur de moëllons de huit à dix pouces d'épaisseur, bien enduit de mortier, et percer dans le fond un puits de deux pieds de large et de quatre de profondeur, garni d'une grille de fer dessus, pour recevoir l'eau qui s'écoule de la glace.

Quelques-uns au lieu de mur revêtent la fosse d'une cloison de charpente, garnie de chevrons lattés, font descendre la charpente jusqu'au fond, de la glacière, et bâtissent environ à trois pieds du fond une espèce de plancher de charpente et de douves, sous lequel l'eau s'écoule.

Si le terrain où est creusée la glacière est très-ferme, on peut se passer de charpente, et mettre la glace dans le trou sans rien craindre ; c'est une grande épargne ; mais il faut toujours garnir le fond et les côtés de paille.

Le dessus de la glacière doit être couvert de paille attachée sur une espèce de charpente élevée en pyramide, de manière que le bas de cette couverture descende jusqu'à terre. On observera que

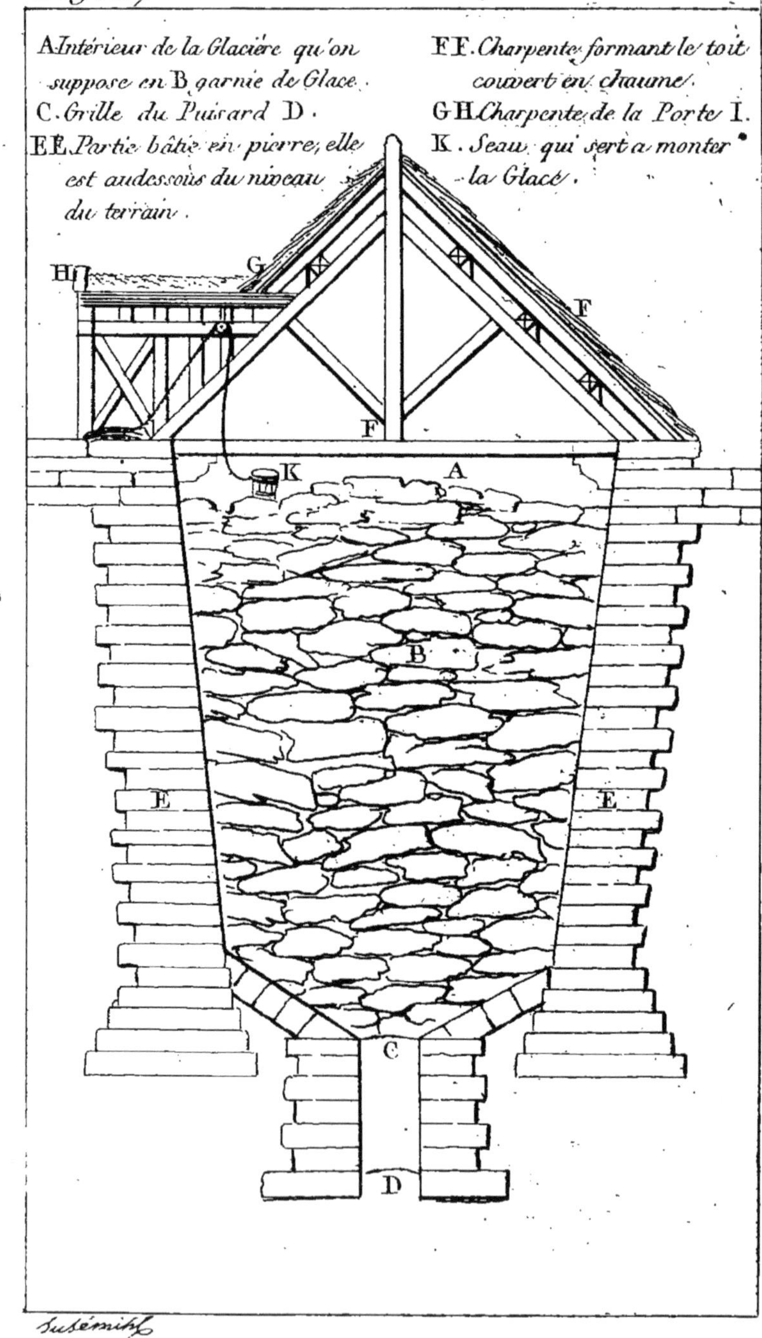

Coupe d'une Glaciere
en Pierre et en Charpente.
Page 117.
A. Intérieur de la Glaciere qu'on suppose en B garnie de Glace.
C. Grille du Puisard D.
EE. Partie bâtie en pierre, elle est audessous du niveau du terrain.
FF. Charpente formant le toit couvert en chaume.
GH. Charpente de la Porte I.
K. Seau qui sert a monter la Glace.
H
G
F
F
K
A
B
E
E
C
D
Susemihl

la glacière n'ait aucun jour, et que tous les trous en soient soigneusement bouchés.

La petite allée par laquelle on entre dans la glacière, doit regarder le nord, être longue d'environ huit pieds, large de deux à deux et demi, et fermée soigneusement aux deux bouts par deux portes bien closes. Tout autour de cette couverture, il faut faire au dehors en terre, une rigole qui aille en pente pour recevoir les eaux et les éloigner : autrement elles y croupiraient et fondraient la glace. (Voyez *la planche donnant l'explication de la construction de la glacière*).

Pour remplir la glacière, il faut choisir si cela se peut, un jour froid et sec, afin que la glace ne se fonde point ; le fond de la glacière doit être construit à claire-voie, par le moyen de pièces de bois qui s'entre-croiseront. Avant que d'y poser la glace, on couvre le fond d'un lit de paille, et on en garnit tous les côtés en montant, de sorte que la glace ne touche qu'à la paille. On met donc d'abord un lit de glace sur le fond garni de paille ; les plus gros morceaux de glace et les plus épais bien battus, sont les meilleurs, et plus ils sont entassés sans aucun vide, plus ils se conservent ; sur ce premier lit, on en met un autre de glace, et ainsi successivement jusqu'au haut de la glacière, sans aucun lit de paille entre ceux de la glace.

C'est assez qu'elle soit bien entassée, ce qu'on fait en la cassant avec des mailloches ou des têtes de cognées; on jette de l'eau de temps en temps dessus, afin de remplir les vides avec les petits glaçons, ensorte que le tout venant à se congeler, fait une masse qu'on est obligé de casser par morceaux pour pouvoir en avoir des portions.

La glacière pleine, on couvre la glace avec de la grande paille par le haut, par le bas et par les côtés; et par dessus cette paille, on met des planches qu'on charge de grosses pierres pour tenir la paille serrée.

Il faut fermer la première porte de la glacière avant que d'ouvrir la seconde, pour que l'air de dehors n'y entre point en été; car il fait fondre la glace pour peu qu'il la pénètre.

La neige se conserve aussi bien que la glace dans les glacières. On la ramasse en grosses pelotes, on les bat et on les presse le plus qu'il est possible; on les range et on les accommode dans la glacière, de manière qu'il n'y ait pas de jour entre elles, observant de garnir le fond de paille comme pour la glace.

Si la neige ne peut se serrer et faire un corps, ce qui arrive lorsque le froid est très-vif, il faudra jeter un peu d'eau par-dessus; cette eau se gélera aussitôt avec la neige, et pour lors il sera aisé de la réduire en masse. La neige se conservera toujours mieux dans la glacière, si elle y est bien pressée et bien battue.

Il faut choisir autant qu'on le peut, le temps sec pour ramasser la neige, autrement elle se fondrait à mesure qu'on la prendrait; il ne faut pourtant pas qu'il gèle trop fort, parcequ'on aurait trop de peine à la lever. C'est dans les prairies et sur les beaux gazons qu'on va la prendre pour qu'il y ait moins de terre mêlée.

SORBETS

On donne le nom de sorbets aux liqueurs destinées à être converties en liquides glacés. Ces liqueurs se composent avec de la crème douce dans laquelle on fait entrer des amandes douces ou amères, des pistaches, du thé, du café, du chocolat, de la vanille, etc., etc.; le tout mêlé avec plus ou moins grande quantité de sucre. On fait aussi des sorbets avec le suc des fruits acides dans lesquels on a fait fondre une quantité quelconque de sucre.

Sorbet au Citron.

Prenez une livre et demie de bon sucre et

faites-le fondre dans une pinte d'eau bien claire, prenez neuf beaux citrons; essuyez-les et coupez-les transversalement en deux parties; pressez-les fortement pour en exprimer le jus; plongez-les dans l'eau sucrée, et pressez-les en tous sens, pour en faire sortir tout le suc et l'huile essentielle qui se trouve dans l'écorce; mêlez l'eau sucrée et le jus des citrons, et passez ensuite le tout à un tamis de crin serré. Mettez votre liqueur dans la sorbetière et glacez-la.

Sorbet à l'Orange.

Prenez neuf à dix belles oranges et deux citrons de la plus belle qualité, essuyez-les avec une serviette; rapez les écorces d'oranges les plus odorantes et qui ont le moins d'amertume, coupez ensuite en deux vos oranges et vos citrons, pressez-les fortement pour en exprimer le jus; faites fondre une livre et demie de sucre dans une pinte d'eau; mêlez ensuite le jus que vous avez retiré de vos oranges avec cette eau sucrée; passez le liquide au travers d'un tamis de crin serré, et ensuite versez le liquide dans la sorbetière et glacez.

Sorbet à la Crème blanche.

Prenez-les jaunes de six œufs frais, délayez-les dans

les dans deux pintes de crème ; jetez-y une cuillerée à bouche d'eau de fleurs d'orange ; mettez votre crème sur le feu, donnez-lui un bouillon couvert et passez-la au tamis ; faites fondre dedans trois quarterons de beau sucre, et versez ensuite votre crème, ainsi préparée et entièrement refroidie, dans une sorbetière de fer-blanc, et glacez-la; quand votre liqueur est convertie en neige légère, agitez-la fortement et long-temps avec la houlette : votre glace étant entièrement fondue, enlevez la sorbetière ; agitez l'eau salée avec une longue spatule de bois, et assez fortement pour détacher et incorporer avec les molécules de glace le sel qui s'est précipité au fond du seau ; ce qui augmente en proportion le degré de froid un quart-d'heure de plus; replacez-y ensuite la sorbetière ; tournez-la comme il a été expliqué, et agitez encore le liquide avec la houlette ; tirez alors toute l'eau salée par la bonde, et regarnissez le seau avec les mêmes quantités de sel et de glace pilée. Si vous ne voulez pas accélérer l'opération, ne tournez plus la sorbetière, mais agitez fortement et long-temps le liquide qu'elle contient avec la houlette, ce travail servant à augmenter l'onctuosité des glaces; et c'est alors que le sorbet doit être servi.

Sorbet à la Fraise.

Prenez de belles fraises que vous mondez de leurs queues, et écrasez-les dans un mortier; mettez une pinte d'eau pour quatorze onces de jus; versez votre liquide dans un vase, et ajoutez-y une grande cuillerée à café d'esprit acide de citron, avec autant d'eau de fleurs d'orange, et laissez infuser le tout pendant deux ou trois heures. Prenez dix – huit onces de beau sucre que vous mettrez dans un vase; recouvrez-le d'un gros linge, passez dessus le liquide, et exprimez-en bien le marc; lorsque votre sucre est totalement fondu, filtrez la liqueur à la chausse jusqu'à ce qu'elle soit bien limpide; mettez-la dans la sorbetière et glacez.

PUNCH.

La manière la plus simple de faire le punch, est de mettre dans un vase un bon tiers de sirop de punch (voy. *cet article*); et de le remplir ensuite avec de l'eau bouillante, que l'on a soin de verser de très-haut pour opérer plus aisément le mélange.

Punch au Thé.

Prenez un citron d'une belle qualité ; frottez-en l'écorce sur un morceau de beau sucre du poids d'une demi-livre environ ; versez sur ce sucre ainsi impregné de l'huile essentielle du citron, environ un demi-septier d'une forte infusion bouillante de thé vert, et ajoutez-y un rouleau de sirop de capillaire ; exprimez le jus de deux citrons dont vous aurez eu soin d'ôter les pepins, et versez par-dessus le tout une pinte d'excellente eau-de-vie ; mettez-y le feu ; agitez la flamme avec la cuiller à punch ; quand votre liqueur sera réduite d'un tiers , éteignez la flamme en la soufflant, et servez ensuite le punch chaud dans les verres.

Punch à la Bourgeoise.

Prenez trois beaux citrons , coupez-en les zestes en petits morceaux les plus minces que vous pourrez ; dégagez ensuite la pulpe de toute la peau blanche qui la renferme , et coupez-la par tranches, en ayant soin d'en ôter les pépins ; mettez vos citrons avec les zestes dans une pinte d'eau bouillante , et faites-leur prendre quelques bouillons ; jetez dedans un gros de thé de bonne qualité, et laissez infuser pendant cinq minutes: retirez votre infusion du feu, et passez-la dans un tamis de crin serré, ou dans une serviette; ajoutez-y ensuite un litre d'eau-de-vie, et trois quarterons de sucre royal; remettez le tout sur le feu, et quand votre punch sera prêt à bouillir versez-le dans un bol de verre, ou tout autre vase qu'il vous plaira et servez-le chaud. Le punch fait de cette manière est extrêmement léger et agréable, et on peut en boire une assez grande quantité sans crainte d'en être incommodé; les personnes qui le trouveraient trop faible, peuvent en augmenter la force à leur gré, pour cela il ne s'agit que de diminuer la quantité d'eau, en n'en mettant au lieu d'une pinte que trois demi-septiers, une chopine, etc.

Punch au Vin.

Le punch au vin rouge, au vin de Champagne, etc. se fait de la même manière, à l'exception que vous ajoutez avec l'eau de vie une bouteille du vin dont vous voulez vous servir.

Punch au Rhum et au Rack.

Le punch au rack et au rhum se fait de la même manière que tous les précédens, avec cette différence que l'une de ces liqueurs remplace l'eau-de-vie.

Punch aux Œufs.

Mettez dans un verre à punch une cuillerée à bouche de sirop de punch, et un jaune d'œuf; battez bien le tout ensemble avec la cuiller, et quand votre jaune d'œuf est bien délayé, remplissez le verre avec de l'eau bouillante, et remuez ensuite un peu avec la cuiller. Cette sorte de punch est fort agréable et échauffante en hiver.

PATES.

Pâte d'Abricots.

Prenez une centaine d'abricots que vous faites cuire dans une bassine; étant bien fondus, passez le jus au tamis ou dans un linge blanc, ne l'exprimez qu'autant qu'il est nécessaire pour ne pas faire sortir beaucoup de chair; mettez ce jus dans la bassine avec une livre de sucre; remuez jusqu'à ce qu'il soit bien cuit, et beaucoup plus que pour la marmelade; préparez des feuilles de papier blanc que vous saupoudrez de sucre en poudre; étalez ensuite votre pâte bien uniment

sur les feuilles de papier, et saupoudrez-la légèrement de sucre fin; mettez-la au four au moment où le pain en aura été retiré, ou chauffé
au degré qu'alors il conserve, et laissez-la ainsi
jusqu'au lendemain matin; mettez-la ensuite
dans une boîte de sapin, et ayez la précaution
de mettre entre chaque morceau de pâte une
feuille de papier, pour qu'ils ne s'attachent
point ensemble. Pour conserver cette pâte, ainsi
que toutes les autres, il faut avoir bien soin de les
serrer dans un lieu bien sec.

Pâte de Prunes.

Cette pâte se fait d'après les mêmes procédés
que ceux indiqués à l'article *Pâte d'Abricots*;
mais il faut lui faire subir un degré de plus de
cuisson, parce que la prune rend beaucoup plus
de jus que l'abricot.

Pâte de Pommes.

Exprimez le jus des pommes ainsi qu'il est
indiqué à l'article *Gelée de Pommes*; il faut pareillement y ajouter des citrons; mais il suffit
d'en exprimer le jus dans le jus du fruit; mettez
ensuite le tout dans la bassine avec le sucre; pour
le jus d'une centaine de pommes, il faut une
livre et un quart de sucre. Donnez à ce jus un
degré de cuisson bien plus grand que pour la

gelée ; étendez ensuite votre pâte sur des feuilles
de papier, ainsi qu'il a été dit pour la pâte d'a-
bricots (Voyez *cet article*) , et mettez — la au
four. Vous pouvez en rouler en bâton , si vous
le jugez à propos.

Pâte de Guimauve.

Prenez douze poignées de fleurs de guimauve,
que vous ferez cueillir dans un temps sec , pour
qu'elles puissent avoir toute leur odeur; prenez
quatre livres de miel ; clarifiez-le légèrement ;
mettez vos fleurs dans ce sirop , et laissez — les
bouillir jusqu'à ce qu'elles soient bien amorties;
passez ensuite le tout à la chausse, ou au tamis;
faites de nouveu recuire votre sirop jusqu'à ce
qu'il soit de consistance assez ferme pour être
étendu sur le papier, que vous aurez soin de sau-
poudrer de sucre bien fin ou de cassonade passée
dans une passoire , pour qu'il n'y reste point de
grumeaux; mettez cette pâte deux fois de suite au
four , et conservez-la comme les autres pâtes.

PRÉPARATIONS DIVERSES.

De la Pommée.

C'est à la fin de novembre que l'on peut fait

ordinairement la pommée. Prenez toutes sortes de pommes, bien entendu les moins belles et celles qui ont été piquées par les vers; pelez-les, coupez-les par quartiers, retirez-en les pépins, et mettez vos pommes dans un chaudron avec un ou deux verres d'eau; couvrez-le de son couvercle; faites d'abord un feu doux pour amollir la pomme; quand elle commence à fondre, versez-la dans des terrines, et mettez—la refroidir dans un endroit frais; le lendemain, remettez-la au feu, et retirez—la, comme vous avez fait la veille.

Remettez votre fruit au feu pour la troisième fois, et faites-le cuire à consistance de marmelade; vous examinerez, si étant refroidie, la pomme relâche encore son eau; alors vous la remettriez sur le feu; après quoi vous la mettez dans des pots que vous mettez deux ou trois fois au four au moment où le pain en a été retiré: cette opération a pour but de recuire la pommée, et de lui donner une croûte légère, principe de sa conservation.

Cette pommée est une excellente marmelade, aussi sucrée que les confitures, et qui est à la fois un aliment fort agréable et bon pour la santé.

Poires tapées.

Les espèces que l'on emploie le plus ordinairement pour faire des poires tapées , sont le *rousselet*, le *beurré d'Angleterre*, le *doyenné*, le *beurré*, le *messire-jean* et le *martin-sec*. Prenez-les de la meilleure qualité ; pelez – les et con – servez-en la pelure ; faites ensuite blanchir vos poires dans l'eau bouillante , et même si vous pensez qu'elles soient assez dures pour ne pas s'amollir , donnez-leur un léger bouillon. Vous aurez soin de conserver l'eau dans laquelle elles auront blanchi ; mettez ensuite vos poires sur des claies , assez distantes les unes des autres pour qu'elles ne se touchent pas.. Mettez ensuiteces claies au four après que le pain en aura été retiré , ou chauffé au degré qu'il conserve alors ; remettez ainsi la poire au four pendant trois jours consécutifs ; le quatrième jour aplatissez légèrement vos poires, avec la paume de la main plutôt qu'avec une batte de bois , et remettez-les encore au four : avant que de les mettre au four cette fois, préparez le sirop suivant. Jetez dans l'eau où vous avez fait blanchir vos poires la pelure que vous avez conservée , et que vous aurez dû piler dans un mortier , et afin d'en faire une sorte de pâte: faites-la bouillir, passez-la autamis et pressez-en le marc; faites réduire ce jus à consistance de sirop, et plongez vos poires dans ce sirop chaud, avant que de les remettre au four pour la quatrième fois. Laissez-les au four jusqu'à ce qu'elles aient acquis le degré de sécheresse qui les conserve ; puis vous les mettez dans des boîtes, dans un endroit sec.

Cerises séchées.

Dans les pays chauds, on fait dessécher les cerises en les exposant seulement au soleil sur des claies à claire-voie; et quelquefois même on les laisse se dessécher sur l'arbre sans éprouver d'altération. Mais comme la première manière ne peut être d'un usage général, et que la seconde est sujette à de grands inconvéniens, nous allons indiquer un procédé que l'on peut pratiquer partout avec avantage.

Faites refroidir votre four après en avoir retiré le pain ; quand il n'est plus qu'à quarante degrés de chaleur, mettez un seul lit de cerises sur des claies que vous introduisez dans le four ; quand elles sont à moitié cuites, retirez-les pour les exposer à l'air; pour ne pas perdre la chaleur de votre four, substituez d'autres claies, si vous avez encore des cerises à dessécher. Au bout de de huit à dix heures, remettez au four celles que vous en avez retirées, pour achever leur des-siccation : cependant il peut être avantageux de les représenter trois fois au feu. Ces fruits ainsi desséchés doivent être enfermés dans des boîtes, et conservés dans un lieu plutôt sec qu'humide.

Compotes de Cerises au vin.

Après la seconde mise au four de vos cerises, arrangez-les dans un vase où vous vous conten-terez de les tasser légèrement ; quand il est plein, versez dedans, pour remplir tous les intervalles que doit laisser le fruit qui n'est que pressé mé-diocrement, un mélange de vin rouge auquel vous ajouterez un cinquième d'eau-de-vie avec tel arôme que vous désirerez ; bouchez votre vase bien hermétiquement. Cette compote peut se con-server de cette manière plusieurs années de suite.

Compote de Cerises cuites au vin et sucrées.

Procédez comme il est indiqué à l'article pré-cédent, avec cette différence que vous ajouterez au mélange de vin et d'eau-de-vie un sixième de sirop de raisin ou de pommes ; ainsi pour une pinte de vin, vous mettrez un demi-setier d'eau-de-vie et autant de sirop de raisin.

Dessiccation des Prunes.

Le pruneau ne doit pas subir une dessiccation entière, ce qui cependant arrive trop souvent faute d'expérience : sa préparation doit se borner à lui enlever son eau surabondante de végétation, pour qu'il puisse être gardé dans un état de mollesse.

Ayez bien soin de ne choisir que des prunes parfaitement mûres ; celles que vous faites tomber de l'arbre en le secouant sont à leur véritable point de maturité, et vous devez leur donner la préférence. Mettez vos prunes sur des claies que vous portez au four (Voyez *Cerises sèches, page* 13), à moins que, suivant la coutume des pays chauds, vous ne vouliez faire cette opération en les exposant au soleil ; pour que votre pruneau soit aussi sucré qu'il est possible, il faut le retirer du four quand il est à moitié cuit, pour l'exposer à l'air, où il se ramollit et lâche son eau ; ensuite vous le remettez au four pour l'amener à son état de pruneau.

Prunée ou Marmelade.

Choisissez des prunes parfaitement mûres ; séparez-en les noyaux, et faites-les cuire comme les cerises (Voyez *cet article*) à trois différentes reprises ; plus on les met au feu de fois , et plus on gagne en matière sucrée ; elle sera donc d'une qualité supérieure , si on réitère cette coction cinq à six fois ; chaque fois que vous les retirez du four, laissez-les refroidir pour lâcher leur eau et faire leur sucre : faites-les cuire à consistance de marmelade , c'est-à-dire à consistance légère ; à la dernière cuisson , ajoutez-y une partie des amandes du noyau, et aromatisez-la au moment de retirer la bassine du feu ; mais cependant il ne faut pas mettre beaucoup de ces amandes qui en trop grande quantité ne sont pas bonnes, surtout pour les enfans. Votre marmelade faite , mettez-la dans des pots; quelques jours après vous la trouverez relâchée ; alors vous remettrez vos pots au four , au moment où le pain en aura été retiré ou chauffé au degré qu'il doit avoir à cet instant ; votre marmelade se recuit ; la chaleur recombinant l'eau , occasione à la surface une espèce de croûte légère qui est un des principes de sa conservation : recouvrez-la comme les confitures.

Dessiccation des Pêches.

Les pêches se sèchent comme les prunes, à cette différence près que celles qui sont cueillies à l'arbre valent mieux que celles qui sont tombées; vous les fendez par le milieu et en ôtez le noyau; quand elles sont à moitié sèches, vous les mettez sur une table bien propre, et les aplatissez pour qu'elles sèchent également : vous les remettrez après au four jusqu'à ce qu'elles soient sèches.

Dessiccation des Abricots.

Les abricots se conservent de la même façon, en les fendant et en ôtant le noyau pour les faire sécher au soleil ou au four.

Alberges.

L'alberge est une espèce d'abricot qui se cultive en Touraine où il réussit parfaitement; bien frais et bien mûr, c'est un excellent fruit. Il se fait sécher comme les fruits à noyau et subit les mêmes préparations.

Manière de conserver le Raisin.

Les raisins conservés ou séchés sont d'une grande ressource pour l'hiver : aussi les moyens tentés pour les garder de ces deux manières sont-ils très-nombreux ; mais notre intention n'étant point de les rapporter tous ici , nous nous bornerons à donner l'explication des plus usités et des plus économiques. Le raisin se conserve sur la treille en sacs, au fruitier, ou en tonneaux.

Conservation en sacs. Pour le mettre en sacs, il faut choisir un beau jour du mois d'octobre, époque à laquelle le raisin mûrit ordinairement dans nos climats; la veille du jour où vous voulez commencer votre opération, ayez soin de nettoyer les grappes et d'éclaircir les grains trop serrés. Le lendemain, après que la rosée sera dissipée, mettez chaque grappe ainsi préparée dans un sac de papier un peu fort, ou dans un sac de crin ou de canevas : ces derniers sont préférables, parce que, outre qu'ils laissent un libre passage à l'air et ne concentrent point l'humidité, ils préservent aussi le raisin de la piqûre des oiseaux. Si le raisin est parvenu à son entière maturité, vous serrerez la queue de la grappe avec le fil qui sert à nouer le sac, en la tordant même légèrement; laissez ainsi votre raisin sur le cep pour le cueillir quand vous le jugerez convenable; en le cueillant, ayez soin de le visiter, et après l'avoir nettoyé, remettez-le dans le sac, ou portez-le au fruitier.

Conservation au fruitier. Vous conservez de cette manière le raisin comme les autres fruits; si la saison leur a été favorable, il suffit de les renfermer dans le fruitier, à l'abri de l'air et à une température égale et même un peu froide sans être humide. Pour le raisin, vous le suspendez aux solives du plancher, la grappe renversée.

Conservation en tonneaux. Enfermez le raisin dans des tonneaux défoncés que vous recouvrez de leur fond ; mais de cette manière on a le désavantage de ne pouvoir les visiter souvent, quoique cela soit très-nécessaire, surtout vers la fin de la saison. Pour éviter cet inconvénient, on suspend le raisin, la grappe renversée, dans de petits tonnelets garnis intérieurement de plomb laminé, et on remplit les intervalles avec du millet bien sec.

De la dessiccation du Raisin.

La dessiccation du raisin s'opère comme celle des autres fruits, au soleil ou au four.

Quand elle se fait au four, on le met sur des claies, et il faut avoir bien soin de le retourner souvent. Si l'on veut rendre cette dessiccation plus prompte, il faut préalablement procéder au blanchîment du raisin : ce qui consiste, ainsi qu'il a été dit, à plonger la substance végétale crue dans l'eau bouillante, ou simplement à verser l'eau dessus.

Pour les conserver, quand ils sont bien secs,

on les met dans une boîte de sapin fermée bien hermétiquement ; on les saupoudre légèrement de cassonade, et on couvre la boîte avec des feuilles de laurier-sauce.

HYDROMEL.

Le nom d'hydromel se donne ordinairement à une certaine quantité de miel dissoute dans de l'eau; pour une once de miel, prenez une pinte d'eau, faites-lui faire un simple bouillon, et passez.

Hydromel vineux.

Prenez douze livres de miel de première qua-lité, et cinq à six pintes d'eau, faites bouillir et écumez; laissez évaporer jusqu'à ce qu'un œuf frais puisse se soutenir à la surface de la liqueur; passez à travers une toile ou un tamis; mettez-la dans un baril que vous exposerez à une tempéra-ture de 20 à 25 degrés de chaleur. Laissez ainsi cette liqueur pendant deux ou trois mois en fer-mentation : on se contente de recouvrir la bonde, et on remplit le baril avec du même hydromel que l'on a soin de conserver dans une bouteille bien bouchée et mise au frais; au bout de ce temps, que la fermentation doit être terminée, descendez le baril à la cave; et un an après mettez l'hydromel en bouteilles.

En ajoutant quelques arômes à cet hydromel et surtout de la fleur de sureau, il finit par prendre le caractère de vin muscat; si vous employez du miel commun, il faut le purifier au charbon avant de vous en servir.

Hydromel vineux non fermenté.

Voici une autre manière de faire cette sorte d'hydromel, qui est beaucoup moins longue, et dont le résultat est le même.

Prenez deux livres de miel, que vous mettez dans deux pintes d'eau; purifiez-le au charbon; passez-le au papier gris, ou à la chausse; faites infuser quelques jours d'avance une chopine d'eau-de-vie dans une pincée de fleurs de sureau et autant d'iris de Florence, avec trois amandes amères : ajoutez l'eau-de-vie à votre miel; mêlez bien le tout ensemble; exposez votre mélange pendant quinze jours au soleil, et filtrez-le ensuite.

Piquette de Vendange.

Quand votre vin sera foulé et que vous en

aurez extrait tous les grains ou les marcs, entonnez-les dans un ou plusieurs tonneaux, selon la quantité de vin que vous en aurez récolté; emplissez-en vos tonneaux jusqu'aux trois quarts, et mettez dans chacun un quart de genièvre de l'année, avec une livre de cassonade, bondonnez-les fortement; cette piquette fermente à un point qu'il est quelquefois nécessaire de la surveiller comme le vin; on peut, pour lui donner une couleur plus foncée et un goût plus spiritueux, jeter dedans du marc de cacis, après l'avoir retiré de l'eau-de-vie où il aura infusé.

Petit Vin

Pour faire ce petit vin, après avoir décuvé, n'exprimez pas le marc, et laissez-le dans la cuve; si elle contient quinze pièces de vin, le marc en retient un sixième; ce qui fait environ deux pièces et demie, et même un peu moins si l'on a égrappé; en ayant retiré le surmoût, fermez la cannelle, versez dans la cuve deux pièces et demie d'eau chauffée à quinze degrés avec addition de vingt-cinq livres de sirop de raisin, si vous avez encore du raisin; des grappes même un peu vertes, enfin le rebut de la vendange, mettez tout cela dans la cuve; également vous ajoutez une plus grande quantité de sirop de raisin ; couvrez votre cuve de son couvercle ; en moins de deux heures la fermentation deviendra tumultueuse, et ne durera pas plus de trente-six heures ; alors décuvez, exprimez le marc et mêlez ensuite ces deux vins. Ce vin n'aura pas le goût du terroir qui est passé dans le surmoût, et il n'aura pas non plus l'acidé repoussant du vin de vigneron ; pour lui donner un bouquet agréable, on y mettra une ou deux poignées de tonte de pêcher, cinq ou six pincées de fleurs de sureau et deux ou trois gros d'iris de Florence.

Ce vin est assez bon pour que l'on puisse même le servir sur la table.

VINS LIQUOREUX.

D'après M. CADET DE VAUX.

On appelle vins liquoreux, vins de liqueurs, les vins qui proviennent de raisins, tellement abondans en matière sucrée, qu'il en subsiste encore une quantité notable après que leur fermentation est terminée. Une portion de la matière sucrée s'est convertie en alcohol ; l'autre portion, n'ayant pu être décomposée, reste dans son état ; tels sont les vins de muscat, de Fronti-

gnan , etc... c'est surtout aux contrées méridionales que ces vins appartiennent.

Vin cuit. Le vin cuit ordinaire n'est que du
moût qu'on fait bouillir avec le grain , quand
on désire l'avoir rouge. On le concentre d'un
quart ou d'un tiers, selon le plus ou moins de
maturité du raisin; on ajoute un quart ou un
cinquième d'eau-de-vie avec de la cannelle, du
girofle, etc. Ce vin ne peut se boire qu'au bout
de deux ans; mais voici la préparation d'un vin
cuit, qui vaut beaucoup mieux , et qui a en outre
l'avantage d'être bon à boire du jour même.

Choisissez un raisin blanc parfaitement mûr ,
et de l'espèce la plus sucrée , tel que le mélier
blanc. Le chasselas ne convient pas comme étant
un de ceux qui contiennent le moins de matière
sucrée. Si l'on emploie du raisin rouge à la préparation du vin cuit, on ne prendra que le moût,
car, en faisant bouillir le grain pour avoir sa
partie colorante , on a l'âpreté de la pellicule et
du pépin.

Prenez vingt-quatre pintes de moût , faites-le
réduire à petit bouillon , du quart ou du tiers:
on a un bâton qui sert d'étalon, on le marque à
la hauteur de seize pintes pour le tiers, et à
celle de dix-huit pour le quart. Le moût évaporé
on y projette de la charrée qui est dépouillée de
son sel, ou de la craie; lorsque l'effervescence est

cessée, on laisse déposer, ou on passe à la chausse. On obtient un moût parfaitement clair; on le mêle avec une infusion d'arômes préparés d'un mois à l'avance, et filtrée.

Cette infusion se compose de quatre à cinq pintes d'eau-de-vie, cannelle, girofle, de chaque vingt-quatre grains; vanille demi gros; iris de Florence un gros; douze amandes amères d'abricots ou de pêche. On peut s'épargner de filtrer l'infusion, en suspendant dans l'eau-de-vie les arômes pulvérisés et enfermés dans un nouet.

En exposant ce vin au soleil pour le reste de la saison, dans des bouteilles qu'on n'emplit que jusqu'au goulot, et qu'on pose couchées, l'arôme se fond et on n'a plus qu'un joli bouquet.

Vin de Malaga. Le vin de Malaga est un des plus estimés, en le prenant pour exemple, il servira à fixer l'opinion sur les vins de liqueur, ainsi que sur nos vins liquoreux domestiques.

L'Espagne est un climat très chaud, ses raisins sont très sucrés. Voici comment on y prépare le vin de Malaga. Le raisin parvenu à sa maturité, on le fait entrer en miellation; à cet effet on tord la grappe sur le cep, les canaux séveux sont oblitérés et il n'y a plus de végétation; alors le raisin perd une portion de son eau, ce qui concentre la matière sucrée; ou bien on détache la grappe et l'on l'expose sur une roche brûlée par l'ardeur du soleil. Le raisin parvenu à cet état de maturité secondaire que lui donne la miellation, privé de son humidité surabondante et évaporable, on le foule, on l'exprime, et on a un véritable sirop de raisin. On met fermenter ce moût, et la fermentation est lente et silencieuse, parce qu'il n'existe plus de proportion entre la matière sucrée et l'eau. Quand la fermentation est achevée, ce vin n'est pas du tout ce qu'on appelle le vin de Malaga, mais il en devient la *mère*; c'est-à-dire qu'il est destiné à entrer en telle ou telle proportion dans le vin de Malaga, tel que le livre le commerce. Ainsi sur une pièce de très-bon vin blanc obtenu par les procédés ordinaires on ajoute une quantité déterminée *de pots du vin mère;* et chaque pot donne une *feuille de plus* au vin de Malaga : on voit par là que ce fameux vin n'est que l'œuvre de l'art, sans lequel le raisin dont on l'obtient, ne donnerait qu'un vin tout ordinaire.

Il résulte de cet exemple, que ce qui fait les vins spiritueux est leur matière sucrée ; que ce qui le fait en même temps liquoreux, c'est la surabondance de cette même matière sucrée, dont la fermentation n'a pu faire emploi. Mais si pour concentrer la matière sucrée, et convertir le moût en un véritable sirop, nous ne pouvons comme dans les pays chauds, laisser la grappe sur le cep, ou l'exposer sur une roche brûlante, il existe un moyen bien plus expéditif d'arriver au même but; il ne s'agit que d'en évaporer au feu l'humidité. Le calorique est un et même, que ce soit le soleil, le frottement ou la combustion qui le développe. Ainsi donc nous exprimons notre raisin, ayant acquis sa maturité de végétation et celle de miellation. Son moût récent pesait de 10 à 12 degrés; dans un seul jour nous l'aurons concentré de 20 à 25 degrés, nous aurons fait le sirop mère du vin de Malaga.

Dans la fermentation une portion de matière sucrée se serait changée en alcohol dans la proportion d'un quart, c'est-à-dire, d'un demi-septier d'eau-de-vie par pinte; en conséquence, sur trois pintes de notre moût cuit, ajoutons une pinte d'eau-de-vie; voilà notre quart d'alcohol et nos trois quarts de matière sucrée non décomposés, ce qui donne un vin ayant le spiritueux et le liquoreux des vins de cette espèce. Cette addition d'eau-de-vie interdit au vin la puissance de fermenter. On peut distribuer ces vins dans des tonnelets, des cruches de grès ou des dames-jeannes en verre de 40 bouteilles.

Si on veut un vin plus liquoreux, on y ajoute du sirop de raisin; car nulle autre matière sucrée ne peut convenir mieux à du vin.

Si on

Si on le veut tout à la fois plus liquoreux et plus spiritueux, on ajoutera au sirop le quart d'eau-de-vie.

Si c'est un vin plus sec qu'on désire, on y ajoute d'un excellent vin blanc.

On n'indique point les proportions, c'est au goût à les fixer.

Il ne reste plus maintenant qu'à donner à ces vins divers des arômes; ils sont indéterminés dans des vins de cette espèce; mais puisqu'il est reconnu que le muscat est l'arome qui appartient à beaucoup de vins de liqueur, puisqu'il est la base de leur bouquet, ajoutez-y un peu de fleurs de sureau, et deux gros suffisent pour une pièce de deux cents pintes; enfin en disséminant ou mélangeant dans chacun de ces vins des atomes d'aromes tels que la cannelle, le girofle, le macis, la vanille, l'iris de Florence, capillaire, rose, fleurs d'orange, amande, orange, citron, cédrat, bergamotte et autres, on obtiendra autant de vins différens : on les aura à volonté plus liquoreux ou plus secs, plus ou moins spiritueux et tout aussi agréables au goût que salutaires.

Vin Muscat. De tous les vins de liqueur les plus aisés à faire sont le Muscat et le Frontignan qui ont pour eux cet arome et leur liquoreux. (Voyez hydromel et le vin de Lunel).

Vin de Tokai. Le vin de paille est un vin

très estimé qui se prépare dans le Haut-Rhin, mais il recèle une pointe d'acide qui lui enlève l'arome du muscat, que le temps seul peut rendre insensible, mais ne lui enlève pas tout-à-fait; pour l'assimiler au vin de Tokai où le goût du muscat est le plus prononcé, il faut donc trouver un moyen de lui faire reproduire ce goût de muscat : pour cela, mettez de la craie infuser dans des bouteilles de ce vin de paille, et décantez-le ensuite de dessus les sels calcaires qui se précipiteront au fond, et vous aurez plus de moelleux et l'arome qui distingue le vin de Tokai, ensorte qu'on peut servir le même vin sous les deux désignations de vin de paille et de Tokai.

Le procédé employé pour désacidifier le vin de paille, peut servir généralement pour accélérer la maturité des vins que le temps opère si lentement. Nous allons cependant indiquer un moyen mis en usage pour vieillir le vin de Bordeaux. Retirez un verre de vin de chaque bouteille que vous rebouchez bien; mettez-les dans un four de pâtisserie à une chaleur graduée; au bout de quelques heures, le four refroidi, retirez les bouteilles, remplissez-les, et descendez à la cave; le lendemain le vin de Bordeaux de deux ou trois ans en a dix ou douze.

Vin de Lunel.

Pour douze bouteilles de petit vin blanc, vous prenez quatre livres de raisin muscat, vous leur faites jeter un bouillon sur le feu, afin de pouvoir bien exprimer les raisins : vous y ajoutez une demi-livre de cassonade et un demi-setier d'eau-de-vie ; vous mêlez le tout ensemble, le filtrez et le remettez en bouteilles ; ce vin a le goût absolument semblable au vin de Lunel.

DES TONNEAUX.

D'après M. CADET DE VAUX.

———

Les tonneaux présentent beaucoup d'inconvéniens. Sont-ils à la cave ? leurs cerceaux se relâchent et pourrissent ; ce sont sans cesse de nouvelles réparations ; ils perdent même en ne fuyant pas, ce qui arrive fréquemment ; alors il faut les remplir, ou ils restent en vidange ; sont-ils dans des chambres hautes, et au grenier qui sont, comme tout le monde sait, la cave des liqueurs et des vins de liqueurs, la douve se dessèche, les cerceaux jouent ; alors ils perdent infiniment, et c'est l'alcohol qui se volatilise, ce qui diminue et affaiblit d'autant le liquide spiritueux.

Voici un procédé fort simple qui remédie à ces inconvéniens et que l'on peut employer avec le plus grand succès pour la conservation des portes, fenêtres, volets, bancs de jardin, enfin de tout bois exposé aux injures de l'air, et conséquemment à une dégradation plus ou moins rapide.

Peinture au sable.

On donne au bois une couche de la couleur la plus commune, huile et ocre : cette première couche étendue, on saupoudre au tamis ou à la main du grès *ou sablon d'Etampes*, enfin, un sable pur et fin ; on secoue la pièce ; l'huile ne prend que ce qu'elle peut absorber, de même que l'encre quand on saupoudre l'écriture ; on laisse sécher. Le mélange du sable rend la dessiccation plus prompte ; cette première couche peut à la rigueur suffire, et on y en met une seconde en vert, ou en telle autre couleur. Mais pour les bois qui demandent une grande solidité, on met une seconde couche égale à la première, avec huile et sable ; une troisième couche devient inutile ; d'ailleurs on peut ajouter le sable à une seconde couche de vert.

Le bois, dans cet état, est d'une solidité supérieure pour ainsi dire à celle de la pierre ; car la
pierre se casse par l'effet de la gelée si elle est po-
reuse, tandis que ce bois est invulnérable. On peut
appliquer ce procédé aux tonneaux : pour les rendre plus solides vous leur faites mettre des cercles
de fer et vous les faites peindre à deux couches,
huile et sable ; et dès ce moment, plus de réparations, plus d'écoulemens, plus de remplissage.

VINAIGRES.

Vinaigre à l'Estragon.

Prenez des feuilles d'estragon que vous faites
sécher au soleil ; ayez soin qu'elles ne s'échauffent
pas ; mettez une livre de feuilles ainsi séchées dans
quatre pintes de bon vinaigre blanc ; laissez-les
infuser pendant quinze jours : bouchez bien votre
vase et exposez-le au soleil ; au bout de ce temps
tirez votre vinaigre à clair, exprimez-en le marc
et filtrez-le à la chausse ou au papier gris ; videz
ensuite votre vinaigre dans des bouteilles que
vous aurez soin de bien boucher, et mettez-les
dans un lieu frais.

Vinaigre surard.

Prenez des fleurs de sureau, épluchez-les et

dépouillez – les de toute leur tige ; faites – les sécher au soleil; étant à moitié séchées, mettez – les dans une cruche que vous remplirez de vinaigre, laissez – les infuser pendant vingt jours, bouchez bien votre cruche et exposez - la au soleil, ou bien mettez – la deux ou trois fois dans le four après que le pain en aura été retiré. Tirez à clair votre vinaigre, exprimez – en le marc, filtrez – le et mettez- le dans des bouteilles que vous boucherez bien.

FIN.

TABLE

DE L'ART

D'EMPLOYER LES FRUITS.

AVANT-PROPOS. *page* 5.

RATAFIAS, *page* 9. Ratafias d'œillets, *page* 11. — de Cassis, *page* 12. — de Noix vertes, *page* 13. — de Brou de Noix, *page* 13. — de Coings, *page* 14 — d'Angélique, *page* 16. — d'Anis, *p.* 17. — d'Eau de Noyaux, *page* 18. — de Genièvre, *page* 19. — de Fleurs d'orange, *page* 19. — Scubac, *page* 20 — de Semences chaudes, dit Eau des Sept Graines, *p.* 21. — de Cédrats, *page* 22. — de Groseilles, *page* 23. — de Grenades, *page* 23. — de Framboises, *p.* 24. — de Pêches, *page* 24. — de Roses, *page* 25. — de Jonquilles, *page* 25. — de Jasmin, *page* 26. — Kirschenwasser de ménage, *page* 26. — Curaçao, *page* 26.

SUCRE, *page* 28. — de la clarification et de la cuisson du sucre, *page* 28. — Sucre grillé, *page* 30. — à la nappe, *page* 30. — au petit lissé, *page* 31. — au grand lissé, *page* 31. — au petit perlé, *page* 32.

au grand perlé, *page* 32.—en petite queue de cochon, *page* 32. — en grande queue de cochon *p.* 32.
— au soufflé, *page* 32. — à la plume, *page* 33.
— à la grande plume, *page* 33.—au petit boulet,
page 33. — au grand boulet, *page* 34. — au cassé,
page 34. — au caramel ou au grand cassé, 34.

Sucre d'orge, *page* 35.

Miel, *page* 36. —clarification du Miel, *page* 36.

Manière de faire le sirop de raisin, *page* 38.

Fruits a l'eau-de-vie, *page* 41. — Pêches, *page* 41.
— Abricots, *page* 43. — Pêches et Abricots à l'eau-
de-vie d'une autre manière. *page* 43. — Poires de
Rousselet, *page* 44.— Poires de Beurré d'Angleterre, *page* 46. — Mirabelle et Reine-Claude, *p.* 47.
—autre manière, *page* 49. — Cerises, *page* 50.
— Noix, *page* 50.

Observations sur l'emploi des poêles à Confitures,
page 51.

Moyens de préserver les ustensiles de cuivre de vert-
de gris, *page* 52.

Confitures, *page* 53. —Confiture de Groseilles en
grappes, — de Groseilles épépinées de Bar, *p.* 53.
— d'Epine-Vinette, *page* 53 —d'Epine-Vinette en
grappes, *page* 54.— de Cerises, *page* 54. — de
Raisin muscat en grains, *page* 56. — de Raisin,
page 56. — de Verjus, *page* 57. — de Verjus en

grains, *page* 58 — de Prunes sauvageonnes, *p.* 58.
—de Poires de Messire-Jean, *page* 59. — de Campagne, *page* 60.

PRINCIPES PARTICULIERS, ou recette du produit du rai-
sin-fermenté, *d'après* M. PARMENTIER *page* 61.

Raisiné, *page* 61.

Choix des fruits pour le raisiné, *page* 63.

Manière de préparer le raisiné, *page* 67.

Autres manières, *page* 68.

Approvisionnement de fruits pour le raisiné, *page* 71.

MARMELADES, *page* 71. Marmelade de Cerises, *p.* 71.
— de Prunes de Reine-Claude, *page* 72. —de Mirabelles, *page* 73. — de Framboises, *page* 74. — d'A-
bricots, *page* 74. — sans sucre, *page* 75. — de Pêches, *page* 75. — de Coings, *page* 76. —d'Oranges,
page 77. — de Fleurs d'Oranges, *page* 77. —de Verjus, *page* 79. —d'Epine-Vinette, *page* 80. —Cotignac,
page 80. — Noix vertes confites au sucre, *page* 81.

GELÉES, *page* 83. Gelée de Groseilles, *page* 83. — de
Groseilles à froid, *page* 85. —de Framboises, *p.* 85.
—de Pommes, *page* 86. — de Pommes, sans sucre,
page 87. — de Coings, *page* 88.

CONSERVES, *page* 89. —Conserve au Caramel, *p.* 89.
— de Fleurs d'Orange, *page* 90. —de Cerises *p.* 90.
—de Groseilles, *page* 91. — de Framboises, *p.* 92.

— d'Abricots et de Pêches, *page* 92. — d'Amandes douces, *page* 93. — d'Epine-Vinette, *page* 93.

Couleurs, *page* 94.

Sirops, *page* 96. Sirop de Groseilles framboisé, *page* 96. — de Mûres, *page* 97. — de Verjus, *p.* 98. — de Pommes. *page* 99 — de Coings, *page* 100. — de Cerises, *page* 100. — de Vinaigre framboisé, *page* 101. — de Guimauve, *page* 102. — de Capillaire, *page* 102. — d'Orgeat, *page* 104. — Violat, d'Œillet, de Fleurs d'Orange et de Coquelicot, *page* 106. — de Punch, *page* 107.

Glaces, 108. — Glaces à la Vanille, *page* 111. — au Verjus, *page* 112. — aux Framboises, *page* 112. — aux Pistaches, *page* 113. — à l'Orange, 114. — à la Fraise, 114. — à la Fleur d'Orange, *page* 114.

Manière de faire une glacière, *page* 115.

Sorbets, *page* 119. — au Citron, *page* 119. — à l'O-range, *page* 120. — à la Crème blanche, *page* 120. — à la Fraise, *page* 122.

Punch, *page* 122. — au Thé, *page* 123. — à la Bourgeoise, *page* 123. — au Vin, *page* 124. — au Rack et au Rhum, *page* 124. — aux Œufs, *page* 124.

Pates, 125. — d'Abricots, *page* 125. — de Prunes, *page* 126. — de Pommes, 126. — de Guimauve, *page* 127.

Préparations diverses, *page* 127.

De la Pommée, *page* 127.

Poires tapées, *page* 129.

Cerires sechées, *page* 130.

Compote de Cerises au vin, *page* 131 — de Cerises cuites au vin et au sucre, *page* 131.

Dessiccation des Prunes, *page* 132.

Prunée ou Marmelade sans sucre, *page* 132.

Dessiccation des Pêches, *page* 133. — des Abricots, *page* 134.

Alberges, *page* 134.

Manière de conserver le raisin, *page* 134.

Conservation en sac, *page* 135. — au fruitier, *p.* 135. — en tonneaux, *page* 136.

De la Dessiccation du raisin, *page* 136.

Hydromel, *page* 137 — vineux, *page* 137. — vineux non fermenté, *page* 138.

Piquette de vendange, *page* 138.

Petit vin, *page* 139.

Vins liquoreux, *page* 140. — Vin cuit, *page* 141. — Vin de Malaga, *page* 143.

Vin de Lunel, *page* 147.

Des tonneaux, *page* 147.

Teinture au sable, *page* 148.

Vinaigres, *page* 149. — d'estragon, *page* 149. — surard, *page* 149.

FIN DE LA TABLE.

DE L'IMPRIMERIE D'A. ÉGRON.

ROLLIN.

HISTOIRE ANCIENNE 14 vol. in-12.
HISTOIRE ROMAINE   16
TRAITÉ DES ÉTUDES   4
Edition en gros caractères, A DEUX FRANCS LE VOLUME de 460 à 480 pages.

On ne paye rien d'avance.

CES ouvrages seront publiés dans l'ordre où nous les annonçons, et seront mis en vente par livraisons de deux volumes, à six semaines de distance. La première est en vente.

Les souscripteurs qui ne se feront inscrire qu'après le 1.er septembre prochain (1818), payeront 2 fr. 25 c. chacun des volumes qui auront paru.

Lorsque l'Histoire Ancienne sera terminée, le prix des volumes sera porté à 2 fr. 50 c. Il en sera de même des autres ouvrages après leur entière publication.

Le port de chaque volume, par la poste, est d'un franc.

On souscrit à Paris chez AUDOT, Libraire, rue des Mathurins Saint-Jacques, n.° 18.

Dans le moment où la commission de l'instruction vient de décider que l'étude de l'Histoire entrera comme partie obligée des études dans tous les Colléges du royaume, des éditions du plus exact, du plus instruit, du plus sage de nos historiens, ne pouvaient manquer d'obtenir un grand succès. Les ouvrages de Rollin ne datent que du dernier siècle, et déjà la postérité est arrivée pour eux; on en pense aujourd'hui tout ce qu'elle en dira. Personne ne leur a contesté les qualités qui rendent les livres utiles: une instruction solide; beaucoup de méthode; une grande clarté dans les idées; un style correct, élégant, par fois éloquent; des réflexions judicieuses; mais toujours une morale pure que la religion dirige et que la philosophie ne saurait désavouer: tel est Rollin. La jeunesse y puise la vertu avec l'instruction, et tous les âges y trouvent un charme qui résulte autant de la facile naïveté de l'historien que de l'intérêt de l'histoire. Il n'était donc pas possible de le réimprimer plus à propos, nous le répétons, qu'au moment où le gouvernement, en décidant si sagement que tous les écoliers de nos colléges connaîtraient l'Histoire, semble avoir prescrit à tous les pères de famille d'acheter une édition des OEuvres du bon Rollin. Il ne reste vraiment plus à diriger le public que sur le choix de l'édition. En faisant connaître les avantages que lui présente la nôtre, le choix ne sera pas long-tems douteux.

Le besoin d'instruction qui plus que jamais se fait sentir aujourd'hui , et de nouvelles voies offertes au commerce avec l'étranger par l'état de paix , étaient deux motifs qui ne pouvaient manquer d'exciter les libraires à entreprendre la réimpression des meilleurs ouvrages de notre langue. Mais un autre motif est venu donner une direction parti-culière à l'exécution de ces éditions. On a voulu augmenter la certitude que l'on avait déjà d'un grand débit en offrant les volumes à un prix peu élevé. Toutefois on n'a pu obtenir ce résultat qu'en entassant des carac-tères extrêmement petits , et l'on a produit les éditions *compactes* dont le public n'a pas tardé à sentir les inconvéniens. C'est alors que l'on a publié plusieurs belles éditions des mêmes auteurs , dont l'exécution est digne d'éloge; mais aussi, dont le prix élevé ne se trouve à la portée que d'un petit nombre de lecteurs.

Dans l'édition de Rollin que nous publions, nous avons pu réunir l'économie des premières à la commodité des secondes. Nous offrons nos volumes à un prix aussi bas qu'aucune des éditions *compactes* publiées jusqu'ici, quoique nous les ayons imprimées sur de très-bon papier et avec de gros caractères, dont la plus mauvaise vue ne sera pas fatiguée

Nous avons dessein de publier successivement par les mêmes moyens d'économie, et conséquemment avec les mêmes avantages pour le public, une suite des historiens et même des autres bons ouvrages de la langue française.

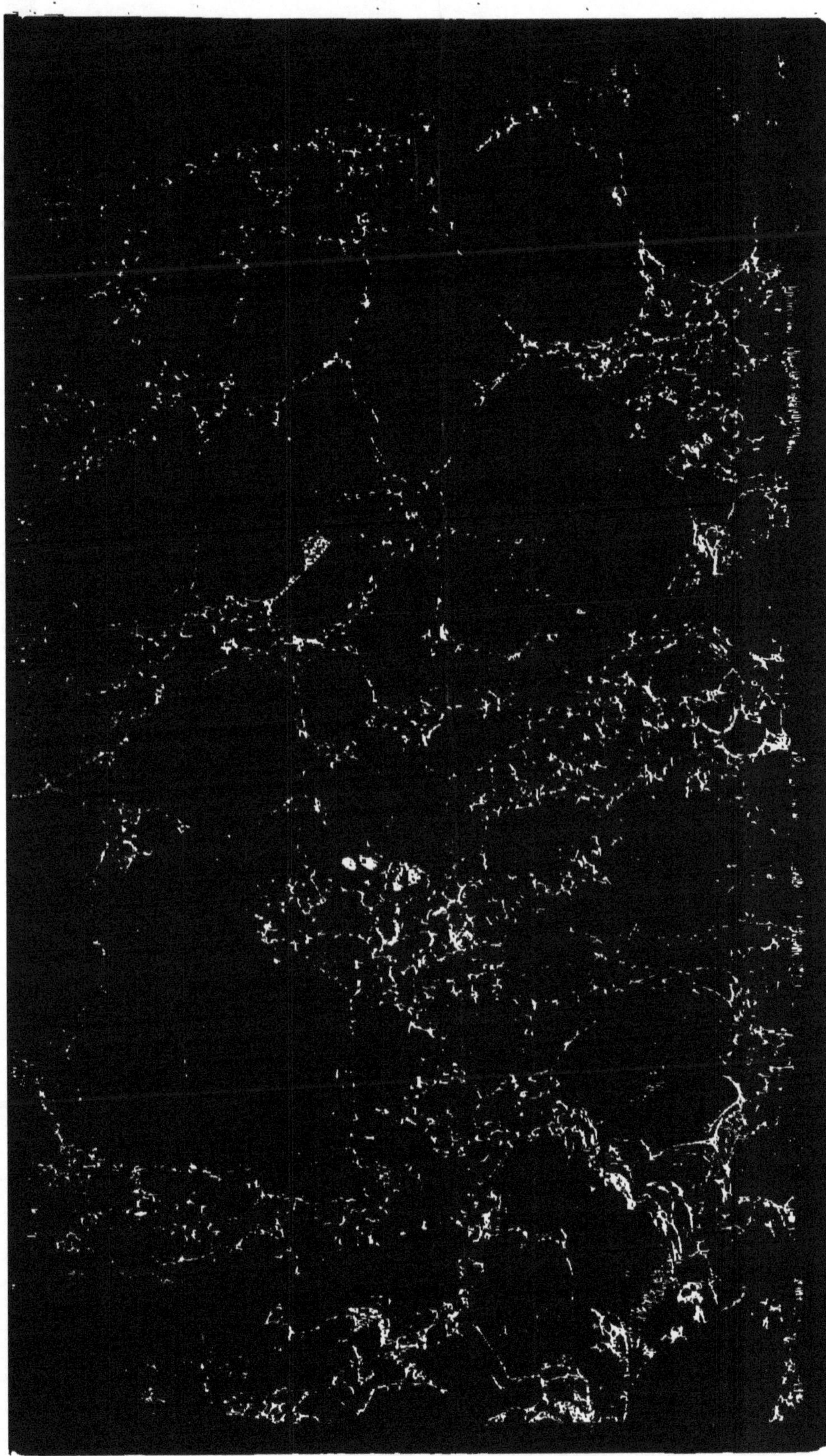

www.ingramcontent.com/pod-product-compliance
Ingram Content Group UK Ltd.
Pitfield, Milton Keynes, MK11 3LW, UK
UKHW022224120726
13694UKWH00002B/680